ERLEBNIS Schweiz

Wandern zu Berggewässern

Kümmerly+Frey

Graubünden
ab Seite 6

Ostschweiz
und Zürich
ab Seite 32

Zentralschweiz
ab Seite 66

Mittelland
Aargau und Basel
ab Seite 82

inhalt

Berner Oberland
ab Seite 92

Westschweiz
ab Seite 118

Wallis
ab Seite 132

Tessin
ab Seite 154

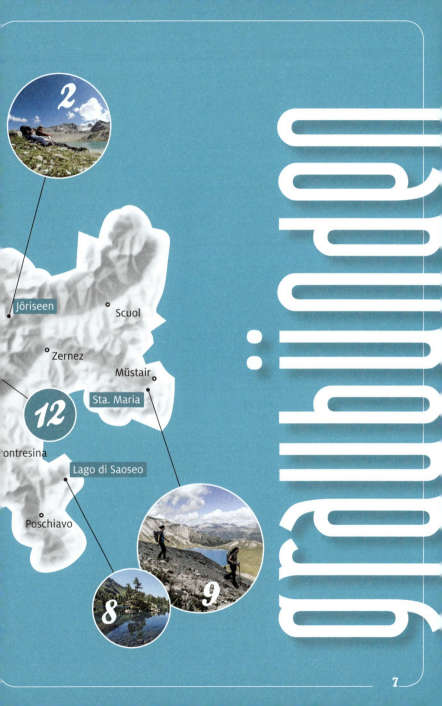

graubünden

Am Partnunsee

▶ Nahe der Grenze zu Österreich bietet diese Wanderroute immer wieder spektakuläre Ausblicke und mit dem Partnunsee ein echtes Bergsee-Juwel.

Die Tour beginnt am Berghaus Sulzfluh-Partnun – das Postauto bringt Sie hin. Von dort aus führt der Weg zunächst nordwärts zum Berghaus Alpenrösli, ehe Sie nach etwa 600 m nach Westen abbiegen. In der offenen Berglandschaft unterhalb der Sulzfluh wenden Sie sich auf der stetig ansteigenden Strecke bald nordwärts. Unterwegs queren Sie mehrere Bachläufe – die sich perfekt für Atempausen eignen. Nach etwa 4 km haben Sie auf 2164 m ü. M. den höchsten Punkt der Route erreicht. Hier lassen Sie den Blick schweifen – hinauf zur Sulzfluh, hinab ins Tal nach St. Antönien und, in fast greifbarer Nähe, hinab zum smaragdgrün schillernden Partnunsee, der als einer der schönsten Bergseen der Schweiz gilt. Der Weg zu diesem Juwel führt 1.5 km bergab. An seinem Ufer bietet es sich an, eine längere Rast zu machen, vielleicht sogar die Füsse ins recht kalte Wasser zu tauchen, in eines der beiden hier mietbaren Boote zu steigen

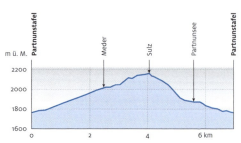

und/oder an einer der Feuerstellen zu Grillieren.

Danach sind es noch gut zwei bergab verlaufende Streckenkilometer, ehe Sie den Ausgangspunkt dieser aussichtsreichen Tour, die Partnunstafel mit dem wunderschön auf einer Alp gelegenen Berghaus Sulzfluh, wieder erreichen.

weitere Infos

Länge:	7 km
Aufstiege | Abstiege:	niedrig
Challenge:	430 m | 430 m
Dauer:	2 Std. 30 Min
Adresse:	**Prättigau Tourismus** | Valzeinastr. 6 | 7214 Grüsch
Telefon:	081 325 11 11
Internet:	www.praettigau.info

graubünden

An den Jöriseen im Flüelatal

▶ Gleich mehrere malerische Seen in einer spektakulären Bergwelt – unter anderen Sentischhorn, Flüela Wisshorn, Jörihorn und Isentällispitz – bietet diese anstrengende, aber unvergessliche Tour oberhalb des Flüelatals, die als eine der schönsten Wanderungen der Schweiz gilt. Start- und Zielpunkt ist das Wägerhus auf 2207 m ü. M. im Flüelatal, das man mit dem Postauto von Davos aus erreicht.

Die grösste Anstrengung der Tour erwartet die Wanderer gleich zu Beginn mit dem 3.5 km langen Aufstieg zur Winterlücke auf rund 2800 m. Zunächst geht es etwa 1 km weit in nordöstlicher Richtung bergauf, dann biegt man ostwärts ab zur Winterlücke. Von dort oben fällt dann der Blick ins Tal auf die vom Jörigletscher gespeisten, in verschiedenen Farbtönen schillernden Bergseen – in der kargen Hochgebirgslandschaft eine fantastisch anmutende Augenweide! An einigen kleinen Seen vorbei wandert man tal-

2

wärts und erreicht nach etwa 5 km ein wunderschönes Ensemble mehrerer Seen, von deren grösstem der Jöribach Richtung Vereina zu Tal fliesst. Die Route führt in einem weiten Bogen bergab durch diese fantastische Szenerie. Am letzten dieser Gewässer beginnt dann ein steiler Aufstieg zur Jöriflüelafurgga unterhalb des Jörihorns – von wo der Blick über das Flüelatal schweift. Hier hat man die grösste Anstrengung hinter sich, nun verläuft die Route zunächst durch Müllersch Tälli bergab. Nach etwa 10 km schliesst sich der Kreis der Rundwanderung – der letzte Abschnitt verläuft auf demselben Weg wie der Aufstieg zurück zum Wägerhus.

weitere Infos

Länge:	12 km
Aufstiege Abstiege:	960 m 960 m
Challenge:	hoch
Dauer:	5 Std. 30 Min.
Adresse:	**Information & Gästeberatung Davos Platz** Talstrasse 41 7270 Davos Platz
Telefon:	081 415 21 21
Internet:	www.davos.ch

Wandern zu Berggewässern

graubünden

Schwellisee und Älplisee

▶ Diese von zahlreichen beeindruckenden Landschaftsbildern geprägte Wandertour am Schwellisee beginnt mitten in Innerarosa. Zunächst wandert man auf der Schwelliseestrasse westwärts aus dem Ort heraus durchs Stafeltobel zur Stafel, wo der eigentliche Rundwanderweg beginnt. Bis zum Gampibach geht man in südwestlicher Richtung. Oberhalb eines Wäldchens knickt die Route südwärts ab und führt dann weiter oberhalb der Baumgrenze zum durch einen Bergsturz entstandenen, wie ein Efeublatt geformten Schwellisee, den man nun umrundet. Danach beginnt eine etwa 2.5 km lange Steigung, bei der gut 200 Höhenmeter zu bewältigen sind. Man passiert die einsame Arve, einen sagenumwobenen, unter Naturschutz stehenden Baum, und steigt nach gut 3.5 km durch die Chlus. Von hier aus ist es nur noch ein Katzensprung zum zweiten Bergsee an dieser Route, dem in äusserst karger Szenerie gelegenen, etwa zwei Drittel des Jahres von Eis bedeckten Älplisee. Die Route führt oberhalb seines Nordufers entlang, wendet sich dann nach Norden. Bald – nach 4.5 Streckenkilometern – ist der mit 2186 m höchste Punkt

3

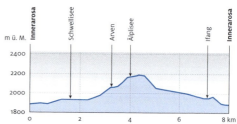

dieser Route erreicht. Auf etwa 600 m Länge folgt nun eine recht steile Passage, die rund 130 Höhenmeter abwärts führt, dann geht's moderat bergab über die Aroser Alp – den Schwellisee sieht man nun im Tal liegen.

Nach rund 7 km erreicht man – etwas weiter westlich, wieder den Gampibach, wo das „Restaurant Alpenblick" zur Einkehr einlädt. Von hier ist es dann noch etwa 1 km zum Ausgangspunkt zurück.

Wandern zu Berggewässern

weitere Infos

Länge:	8 km
Aufstiege | Abstiege:	390 m | 390 m
Challenge:	niedrig
Dauer:	2 Std. 30 Min.
Adresse:	**Arosa Tourismus** | Poststrasse 27 | 7050 Arosa
Telefon:	081 378 70 20
Internet:	www.arosalenzerheide.swiss

graubünden

Am Lag la Cresta und Lag la Cauma

▶ Diese wald- und seenreiche Tour beginnt an der Brücke über die Flem am südlichen Ende der Via Sulten in Flims. Von dort folgt man südwärts der Via Punt Crap und biegt nach etwa 150 m nach links ostwärts in die Via Surpunt ab. Nahe am Ortsausgang geht diese in die Via da Rens über, der man nun oberhalb der Flem aus dem Ort hinaus folgt und nach gut 1 km in die Via la Faua abbiegt. Sie stösst nach 1.5 km auf die Via Conn, der man gut 100 m ostwärts folgt und dann nordostwärts auf den Caschligna-Wanderweg einbiegt. Es folgt eine schöne, meist durch Wald führende Passage zum nur fussläufig erreichbaren Lag la Cresta, an dessen Nordufer ein Gasthaus zur Einkehr lädt.

Die Route führt nun – immer mitten im Wald – zunächst südwärts, ehe der Weg sich nach etwa 5.7 km nahe dem Restaurant Conn westwärts wendet. Weitere 2 km weiter schimmert der Lag la Cauma zwischen den Bäumen hin-

durch, dessen Wassertemperatur im Sommer auf bis zu 24 Grad steigt. Bei Streckenkilometer 8.0 lädt – direkt am berühmten türkisgrünen Wasser – das Restaurant Caumasee zur Rast.

1 km weiter westlich erreicht man mit dem Lag Prau Tuleritg eine echte Seen-Rarität: Im Sommer fällt er trocken, auch im Frühling und Herbst reicht die Wassertiefe oft nur zum Füssekühlen. Der Wanderweg führt am Südufer des Sees entlang und dann wieder in dichten Wald, wo das Sportzentrum Prau da Selva am Weg liegt. Ein kurzes Stück folgt er nun der Via Prau da Selva, ehe er – etwa bei Streckenkilometer 10 – westlich von ihr ins Val da Porcs abzweigt. Kurz nachdem man das Conn-Bächli überquert hat, wendet man sich in einer Spitzkehre südwärts, nach wenigen Metern ost- und dann nordwärts auf einen Pfad, über den man die Via Selva und dann Flims Waldhaus erreicht. In nördlicher Richtung führt der Weg nun zurück zum Ausgangspunkt.

weitere Infos

Länge:	12.5 km
Aufstiege | Abstiege:	400 m | 400 m
Challenge:	mittel
Dauer:	3 Std. 30 Min.
Adresse:	**Gästeinformation Flims Laax Falera** | Via Nova 62 | 7017 Flims
Telefon:	081 920 92 00
Internet:	www.falera.net/tourismus/

Wandern zu Berggewässern

graubünden

Wasserfall Segnesboden

▶ Am Beginn dieser Tour im UNESCO-Welterbe Sardona steht eine gemütliche Fahrt mit dem Arena Express von Flims Talstation über Plaun zum Berggasthaus Nagens auf 2122 m ü. M. Hier beginnt der mit der SchweizMobil-Nr. 764 gekennzeichnete Flimser Wasserweg, der dem Lauf des Baches Flem folgend durch eine wilde Berglandschaft führt – u. a. zum grössten Bergsturz Europas und dem Wasserfall Segnesboden.

5

Zunächst geht es etwa 1.5 km leicht bergauf zur Seilbahnstation Grauberg, dann fast ausschliesslich bergab. Hier, am Ende des Aufstiegs, öffnet sich der Blick hinab auf die Hochebene Segnesboden mit ihrem Gewirr von Bächen und Tümpeln, zu der man nun absteigt und die man dann auf fast ebener, 3.5 km langer Strecke bis zur Segneshütte umwandert. Bei Streckenkilometer 4.7 ist das Highlight dieser Tour erreicht: der Wasserfall Segnesboden, der in drei Stufen vom Oberen Segnesboden herabstürzt. Einen Kilometer weiter lädt die Segneshütte zur Rast.

16

weitere Infos

Länge:	14 km
Aufstiege | Abstiege:	360 m | 1340 m
Challenge:	mittel
Dauer:	5 Std.
Adresse:	**Gästeinformation Flims Laax Falera** Via Nova 62 7017 Flims
Telefon:	081 929 92 00
Internet:	www.falera.net/tourismus/

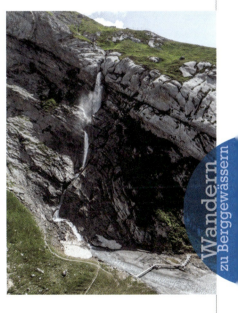

Wandern zu Berggewässern

Danach verlässt man die Hochebene und wandert, dem Lauf der Flem folgend und mehrfach die Uferseite wechselnd, durch eine weitgehend offene Landschaft talwärts. Am Punt Gronda (Streckenkilometer 11.7) führt der Weg ein letztes Mal über die Flem und begleitet – meist im Schatten – den Bachlauf bis zum Ziel dieser Tour, der Talstation Flims Dorf.

graubünden

Tomasee: Zur Quelle des Rheins

▶ Diese Wanderroute rund um den Pazolastock ist mit den SchweizMobil-Nummern 49 und 676 ausgezeichnet. Sie startet am Oberalppass (z. B. mit dem Zug gut erreichbar) und führt zunächst wenig anstrengend ca. 2 km weit durch ein Feuchtgebiet. Dann geht's steil bergauf Richtung Martschallücke – auf den folgenden 4.5 km sind 740 Höhenmeter zu bewältigen!

Unterbrochen wird der Anstieg am Tomasee, der als Quelle des Rheins gilt. Wer mag, kann den weiter unten im Tal mächtigen Strom hier mit einem einzigen Schritt überqueren!

Danach führt die Tour weiter bergauf, nach etwa 1.4 km ist die Badushütte erreicht, von dort aus geht's stetig bergauf weiter zur Martschallücke. Bis zum Pazolastock wandert man etwa auf gleicher Höhe, bei guter Sicht bieten sich fantastische Ausblicke über Urner Alpen und Surselva. Der Weg führt nun zurück zum im Tal glänzenden Oberalpsee, an dessen Ostende sich der Bahnhof „Oberalppass" befindet.

6

Wandern zu Berggewässern

weitere Infos

Länge:	10.5 km
Aufstiege | Abstiege:	880 m | 880 m
Challenge:	mittel
Dauer:	4 Std. 30 Min.
Adresse:	**Sedrun Disentis Tourismus** | Via Alpsu 64a | 7188 Sedrun
Telefon:	081 920 40 30
Internet:	www.disentis-sedrun.graubuenden.ch

graubünden

Wasserfälle und ein herzförmiger Bergsee

▶ Die anspruchsvolle Tour ab Rossa folgt zunächst bei mässiger Steigung dem Lauf des insgesamt 31 km langen Wildwasserflusses Calancasca nordwärts, dann ostwärts dem Rià de Campalesc und führt nun etwa 2 km hinauf zur Bocchetta del Büscenel. Hier stösst sie auf die Schweiz-Mobil-Route 712, der wir ohne grosse Stei-

weitere Infos

Länge:	20 km
Aufstiege | Abstiege:	1750 m | 1750 m
Challenge:	hoch
Dauer:	10 Std.
Adresse:	**Ente Turistico Regionale del Moesano** | Cantonal 94 | 6565 San Bernardino
Telefon:	091 832 12 14
Internet:	www.visit-moesano.ch

gungen ca. 6 km rund um die Alp de Ganan folgen und etwa bei Kilometer 14 den herzförmig in einer Mulde liegenden, tiefblauen Lagh de Calvaresc erreichen. Ein seltener Augenschmaus, für den man sich hier eine Pause gönnen sollte.

Anschliessend führt der Weg ein kurzes Stück weiter südwärts zur Alp de Calvaresc Sora. (Man kann die Route übrigens auf zwei Tage aufteilen und in einer der Hütten übernachten). Hier verlässt man die SchweizMobil-Route und wandert hinab zum Rià del Frott, dessen Lauf man nun – meist in einigem Abstand – westwärts folgt. Etwa bei Streckenkilometer 18 geniesst man von oben einen Ausblick auf den Wasserfall des Ria del Frott. Danach wandert man auf der Westseite dieses Flusses nach Rossa, wo sich ein Abstecher zum Wasserfall bei Ri de Dent lohnt. Durch Rossa geht's dann ein letztes Mal über die Calanasca zum Ausgangspunkt zurück.

Wandern zu Berggewässern

graubünden

Rundwanderung im Val da Camp

▶ Ausgangspunkt dieser Tour in einem gering besiedelten Tal ist die Postautohaltestelle in Sfazù. Überragt von Bergen wie dem Piz Paradisin (3303 m) im Norden und Scima da Saoseo (3264 m) im Süden führt sie durch eine von vielen Bachläufen und Feuchtgebieten geprägte Landschaft, auf halber Strecke lockt der Lagh da Val Viola, etwas weiter südwestlich der Lago di Saoseo.

Die Aufstiege dieser Route sind überwiegend in ihrer ersten Hälfte zu bewältigen, auf dem Rückweg vom Lagh da Val Viola geht es fast nur noch bergab. Von Sfazù aus schlängelt sich der Weg zwischen Lärchen- und Arvenwäldern über offene Alpweiden hinauf, grössere Siedlungen gibt es hier nicht. Bei Streckenkilometer 4 bietet das Rifugio Saoseo Gelegenheit zum Pausieren, keine 800 m weiter lädt das Ristoro Alpe Campo zur Einkehr ein. Hier beginnt die SchweizMobil-Route 724, der diese Tour nun für etwa 4 km folgt. Etwa bei Streckenkilometer 6.5 ist der Lagh da Val Viola erreicht, ein Pfad führt hier zu seinem Westufer und zu einem Damm, über den man die kleine Seeinsel erreichen kann. Die Route aber umläuft den See im Uhrzeigersinn und führt ins Val Viola. Bevor Sie sich zum 900 m entfernten und etwas bekannteren Lago di Saoseo aufmachen, sollten Sie die spezielle Atmosphäre dieses tiefblauem Bergsee-Juwels auf sich wirken lassen.

Die Route führt nun südwärts und immer noch leicht bergan, bei Kilometer 8 ist jedoch ihr höchster Punkt erreicht. Zum

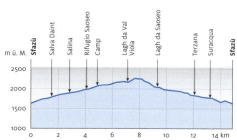

ebenfalls nur zu Fuss erreichbaren, von Lärchen und Arven umstandenen Lago di Saoseo geht's nun einigermassen steil bergab, auch hier sollte man die fast unwirkliche Atmosphäre auf sich wirken lassen.

Am Nordufer des Lago di Saoseo verlässt diese Route die SchweizMobil-Tour und wendet sich nach Südwesten. Der Rückweg führt dann über Saoseo, Terzana und Suracqua zurück nach Sfazù.

weitere Infos

Länge:	15 km
Aufstiege | Abstiege:	780 m | 780 m
Challenge:	hoch
Dauer:	5 Std. 30 Min.
Adresse:	**Valposchiavo Turismo** Vial da la Stazion 7742 Poschiavo
Telefon:	081 839 00 60
Internet:	www.valposchiavo.ch

Wandern zu Berggewässern

graubünden

Rimsersee

▶ Ausgangspunkt dieser sehr anspruchsvollen Route ist Sta. Maria, der Hauptort des Val Müstair. Die Strecke folgt im Wesentlichen dem Lauf der Aua da Vau – ein in den Rom mündender Bergbach. Fast auf halbem Weg ist – in der kargen Landschaft unterhalb des Piz Umbrail – der Rimsersee (Lai da Rims) auf 2395 m ü. M. ein echtes Juwel.

Der Startpunkt dieser Tour liegt am Ufer der Muranzina in Sta. Maria. Westwärts folgt man für ein kurzes Stück der Via Val Müstair, biegt dann in die Via Chasatschas ein, trifft bald auf die Via Val Vau, der man nun südwärts folgt. Gut 2 km geht es nun meist durch Wald stetig bergauf, dann wird der Bewuchs lichter, man wechselt ans andere Bachufer und verlässt

weitere Infos

Länge:	22 km
Aufstiege | Abstiege:	1340 m | 1340 m
Challenge:	hoch
Dauer:	9 Std.
Adresse:	**Gäste-Information Val Müstair**
	Via Val Mustair 33 | 7532 Tschierv
Telefon:	081 861 88 40
Internet:	www.val-muestair.ch

nach 5.5 km die Via Val Vau südwärts zum Wanderweg entlang der Via Val Mora. Nach Las Clastras wechselt man erneut das Bachufer, erreicht bei moderater Steigung nach gut 6 km den Bach Aua da Rims und steigt dann weitere 2.5 km steiler bergan zum Rimsersee. Hier hat man einen der schönsten Bergseen der Alpen vor sich, dessen Magie sich bei guter Sicht besonders gut entfaltet. Rasten Sie hier und lassen Sie die Landschaft auf sich wirken!

Danach folgt der Anstieg an der Südseite des Piz Praveder – die Route erreicht etwa 90 Höhenmeter unterhalb des Gipfels ihren höchsten Punkt.

Der Abstieg führt zur Aua da Vau, man folgt ihrem Lauf für etwa 1 km, überquert sie dann und wandert bequem in Richtung Döss Radond zurück zur Via Val Mora, der man nun in östlicher Richtung folgt und bald das Ufer der Aua da Vau erreicht. An deren Lauf geht es nun – der Via Val Mora folgend – moderat bergab. Etwa bei Streckenkilometer 16 schliesst sich der Kreis um den Piz Praveder und man steigt ins Val Vau hinab und wandert zurück zum Ausgangspunkt.

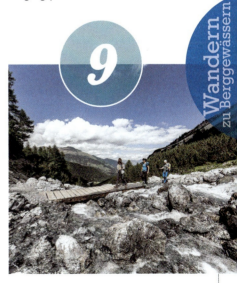

9

Wandern zu Berggewässern

graubünden

Rundwanderung Maloja

▶ Zwei Bergseen – einer auf halber Strecke, einer gegen Ende der Tour – sind die Highlights dieser einfachen und familienfreundlichen Route. Ihr Ausgangspunkt ist die Postautohaltestelle Cad'Maté im Süden von Maloja. Man folgt der Strada Cantonale südwärts und biegt nach etwa 400 m in einer Rechtskurve auf einen Pfad ab, der etwas weiter südlich verläuft als die Strada Cantonale. Zunächst durch ein Wäldchen, dann in offener Landschaft wandert man zum Bach Orlegna und überquert nach etwa 1 km eine kleine Staumauer. Südlich des Baches geht es westwärts weiter durch einen schönen Wald zum Lägh da Bitabergh. Wer mag, kann ihn auf einem Pfad umrunden, diese Route führt aber – nun in südöstlicher Richtung – in leichtem Auf und Ab, meist durch bewaldetes Gebiet, zum deutlich grösseren Lägh da Cavloc. Er ist nach knapp 4 km erreicht, Wagemutige baden hier, das Wasser ist aber kalt ...
Hier sollte man aber auf jeden Fall Pause machen – im Sommer lädt ein Café zur

Einkehr ein. Auch Grillieren kann man hier, das Holz wird zur Verfügung gestellt.

Nachdem man den See im Süden umrundet hat, führt der Weg – die Via Cavloc – oberhalb des Flusses Orlegna zunächst durch eine licht bewaldete Passage nordwärts, ehe er nach 6 km westwärts abknickt. Weiter der Via Cavloc folgend geht's nun hinab zur Orlegna, bei Streckenkilometer 7 überquert man sie. 500 m weiter zweigt ein Pfad nordwärts von der Via Cavloc ab, wer ihn wählt, ist etwas schneller zurück am Ausgangspunkt.

weitere Infos

Länge:	8.4 km
Aufstiege | Abstiege:	380 m | 380 m
Challenge:	niedrig
Dauer:	3 Std.
Adresse:	**Bregaglia Engadin Turismo** | Strada Principale 101 | 7605 Stampa
Telefon:	081 822 15 55
Internet:	www.bregaglia.ch

Wandern zu Berggewässern

graubünden

Grünseeli-Tour

▶ Start- und Ziel dieser Tour ist die Eissporthalle (Postautohaltestelle Ochsenbühl) am Obersee in Arosa. Ebenso wie der zweite mitten in Arosa gelegene See, der Untersee, bietet er zahlreiche Freizeitmöglichkeiten (u. a. ein Strandbad), die – wer möchte – gut nach der Tour zum Grünseeli wahrnehmen kann.

Vom Startpunkt aus ist der Untersee entlang der Unterseestrasse nach 600 m erreicht. Von ihr zweigt ostwärts die Alte Poststrasse ab, die – kurz vor einem Wald – in einen Wanderpfad übergeht. Er führt in einem grossen Bogen stetig bergab ostwärts, nach einer spitzen Kehre erreicht man nach gut 2 km das Nordufer des Stausees Isel, dem man bis zur Einmündung des Flüsschens Plessur in den See folgt. Hier biegt man zum Südufer des Sees ab, das man an seinem östlichen Ende Richtung Wald verlässt. Der Weg führt nun bergan. Meist durch Wald und am Waldrand entlang sind auf 1.5 km rund 200 Höhenmeter zu überwinden. Bei Streckenkilometer 4.5 folgt der kurze Abzweig zum von Wald umgebenen Grünseeli – ein traumhaftes Idyll, das allerdings auch ein beliebtes Ausflugsziel ist. Nach dem

weitere Infos

Länge:	9.6 km
Aufstiege | Abstiege:	350 m | 350 m
Challenge:	niedrig
Dauer:	2 Std. 30 Min.
Adresse:	**Arosa Tourismus** | Poststrasse 27 | 7050 Arosa
Telefon:	081 378 70 20
Internet:	www.arosalenzerheide.swiss

Aufenthalt hier wandert man zurück zur Hauptroute und folgt ihr dann durch ein Waldgebiet weiter nordwärts. Bei Streckenkilometer 5.4 erreicht man eine kleine Freifläche, hier wendet man sich leicht nach Nordwesten, wenig später westwärts zur Furggenalp und weiter zum Staudamm des Iselsees. Der Weg führt nun an dessen Nordufer und dann nördlich oberhalb des Flusses Plessur entlang, bis er die Iselstrasse wieder erreicht. Ihr folgt man nun entweder auf dem schon bekannten Weg am Untersee entlang oder nordwärts über die Neubachstrasse, einen Pfad und die Alteinstrasse zur Poststrasse und weiter zur Postautohaltestelle an der Eissporthalle.

Wandern zu Berggewässern

graubünden

Zwei See-Juwelen – und noch mehr Seen

▶ Gleich vier Seen liegen an dieser kurzen und einfachen Rundtour, darunter mit dem Lej Nair und dem Lej Marsch zwei echte Juwelen. Der Startpunkt ist die Postautohaltestelle Surlej Brücke in Silvaplana-Surlej. Wenige Meter westlich von ihr biegt man ab in die Via da las Palüch, schon nach 200 m verlässt man sie in Richtung Norden, wo bald der etwa 700 m lange Aufstieg (gut 100 Höhenmeter) zur Crest' Alta (1904 m) folgt. Damit ist der anstrengendste Abschnitt dieser Tour schon absolviert, es folgt – fast ausschliesslich durch Wald – ein Abstieg zur Kreuzung mit dem Pfad Senda Maria Arkani und dann mit dem Pfad La Choma. Ihm folgt man etwa 100 m abwärts in eine Senke und wendet sich dort südostwärts, bis man auf die Senda dal Lej Nair stösst, die nun direkt zum dunkel in einem Hochmoor liegenden Lej Nair führt. Baden ist hier erlaubt, ebenso Picknicken und Grillieren.

Nach der Pause wandert man nordwärts weiter. Schon nach 600 m führt ein Pfad hinunter zum klaren Moorsee Lej Marsch, einem echten Badesee mit Sandstrand, Liegewiesen, Grillierstellen und sanitären Anlagen.

Wenige Meter weiter nordwestwärts erreicht man das Ufer der Sela, deren Lauf die Route nun südwestwärts folgt. Bald sind nacheinander Lej da Champfèr und Lej Suot erreicht, an deren Ostufern die Route nun zum Ausgangspunkt zurückführt.

weitere Infos

Länge:	5.8 km
Aufstiege ∣ Abstiege:	190 m ∣ 190 m
Challenge:	niedrig
Dauer:	1 Std. 45 Min.
Adresse:	**Corvatsch AG** ∣ Via dal Corvatsch 73 ∣ 7513 Silvaplana-Surlej
Telefon:	081 838 73 73
Internet:	www.corvatsch.ch

12

Wandern zu Berggewässern

Ostschweiz

Zürich

manshorn
Arbon
Rorschach
t. Gallen
Altstätten
penzell
Wasserauen
Buchs
ralpsee
hapfensee
Sargans
Baschalvsee

Ostschweiz
Zürich

Durch Erlenbacher und Küsnachter Tobel

▶ Diese Wanderroute ist mit der Schweiz-Mobil-Nr. 869 ausgezeichnet. Sie beginnt am Erlenbacher Bahnhof und führt zunächst nach Süden zum Dorfbach, dem man talaufwärts folgt. Bereits nach 1 km rauscht der Wasserfall Hanggiessen 12 m tief zu Tal, an seinem Fuss begrüssen skurrile Steinmännchen die Wassermassen.

Etwa 500 m weiter wendet sich die Route auf dem Halunggetobelweg nach Nordosten, gut 1 km weiter biegt man nach rechts ab auf den Förlirainweg und später nach links auf den Dorfacherweg. Bergauf geht's nun durch Wald und Feld, schon nach 3.5 km ist auf dem Dachsberg der höchste Punkt dieser Tour erreicht. Von nun an geht's knapp 7 km fast ausschliesslich bergab. Beim Würzbrunnen steigt man hinab ins nächste Dorfbachtobel, das nacheinander in Mülitobel und Küsnachter Tobel übergeht.

Wer mag, macht nach 7.8 km noch einen Abstecher zu den Überresten der mittelalterlichen Burg Wulp auf der Südseite des Dorfbachs, in Küsnacht liegt auf Höhe des Schübel-Weihers der Alexanderstein, ein beeindruckender Findling aus der Eiszeit.

Innerhalb der Stadt führt der Weg nun an Johanniterhaus und Kantonsschule vorbei zum Bahnhof – auch die Schiffsanlegestelle ist hier nicht weit.

13

Wandern zu Berggewässern

weitere Infos

Länge:	10 km
Aufstiege | Abstiege:	310 m | 310 m
Challenge:	mittel
Dauer:	3 Std.
Adresse:	**Zürich Tourist Information** | Im Hauptbahnhof | 8001 Zürich
Telefon:	044 215 40 00
Internet:	www.zuerich.com

Ostschweiz
Zürich

Rund um den Rheinfall

▶ Das Highlight dieser entspannten Runde (SchweizMobil-Route 896), der Rheinfall, ist auf weiten Teilen dieser Strecke zu sehen und – bei entsprechendem Wasserstand – zu hören. Die Tour beginnt am Schloss Laufen und führt zunächst oberhalb des Flussufers südwärts vom Rheinfall weg nach Dachsen, wo man den Fluss über die Nohlbrücke überquert. Von Nohl aus geht's direkt am Ufer an der Burgruine Neuburg vorbei zum Schloss Wörth. Hier bietet sich der wohl beste Blick auf das Wasserspiel und das darüber thronende prächtige Schloss Laufen. Der perfekte Ort, um das Naturschauspiel am grössten Wasserfall Europas zu geniessen! Weiter führt die Route im Halbkreis um das Spektakel herum, über eine Brücke erreichen Sie wieder Schloss Lauffen und bald den Ausgangspunkt dieser leichten, aber spektakulären Tour.

Bei gutem Wetter ist die in wenigen Minuten zu Fuss erreichbare Rheinbadi in Dachsen ein heisser Tipp! Abkühlung bringt – bei entsprechendem Wasserspektakel – auch eine Bootstour zum Rheinfall. Und nach dem Naturerlebnis ist das nahe Schaffhausen mit seiner verkehrsfreien mittelalterlichen Altstadt und der ringförmigen Festung Munot eine echte Attraktion.

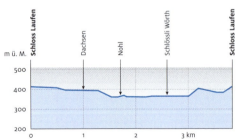

weitere Infos

Länge:	4 km
Aufstiege ǀ Abstiege:	90 m ǀ 90 m
Challenge:	niedrig
Dauer:	1 Std.
Adresse:	**Tourist-Info Laufenburg** ǀ Laufenplatz ǀ 5080 Laufenburg
Telefon:	062 874 44 55
Internet:	www.laufenburg-tourismus.com

14

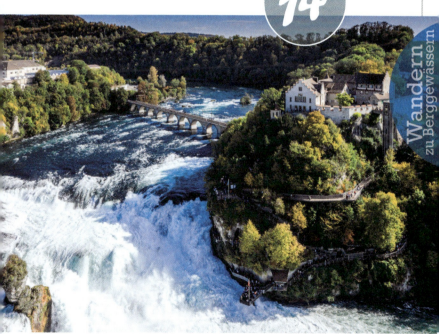

Wandern zu Berggewässern

Ostschweiz
Zürich

Zu den Wasserfällen im Tösstal

▶ Diese waldreiche Tour führt von Fischenthal über den Langenberg ins Tösstal, auf dessen Westseite gleich mehrere Wasserfälle zu Tal stürzen.

Ausgangspunkt ist der Bahnhof in Fischenthal, an dem die SchweizMobil-Route 4 direkt vorbeiläuft. Ihr folgt man südwärts am Mühlebach entlang bis zum Ortseingang von Fistel, wo man nach 800 m die SchweizMobil-Route verlässt und auf die Tannenstrasse einbiegt. Auf ihr führt der Weg ostwärts hinauf zum Langenberg, wo man bei Tannen auf die SchweizMobil-Route 864 trifft und dieser nun bergab durch einen dichten Wald hinunter ins Tösstal folgt. An der Töss angekommen verläuft die SchweizMobil-Route nordwärts, man selbst folgt auf leicht ansteigendem Weg südwärts dem Lauf der Töss bis Tössscheidi. Unterwegs ziehen in gleich mehreren Seitentälern westlich der Töss Wasserfälle die Aufmerksamkeit auf sich – zunächst der Wasserfall Buri gleich im ersten Seitental, im letzten ist es der Wasserfall Lauf.

Nun folgt, meist durch Wald, ein serpentinenreicher

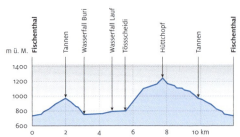

weitere Infos

Länge:	11.5 km
Aufstiege | Abstiege:	730 m | 730 m
Challenge:	mittel
Dauer:	4 Std. 30 Min.
Adresse:	**Zürioberland Tourismus** | Bahnhofstrasse 13 | Postfach 161 | 8494 Bauma
Telefon:	052 396 50 99
Internet:	www.zuerioberland-tourismus.ch

steiler Anstieg – auf 2.2 km sind bis zum Hüttchopf 335 Höhenmeter zu bewältigen! Hier geniesst man eine wunderschöne Aussicht auf das Quellgebiet der Töss im Süden und das Zürcher Oberland, anschliessend führt der Weg nord- und talwärts bis Tannen. Von dort sind es noch zwei bequeme Kilometer zurück nach Fischenthal.

Wandern zu Berggewässern

Ostschweiz
Zürich

Seejuwelen im Alpstein

▶ Der wirklich anspruchsvolle Rundweg ist von zahlreichen steilen Auf- und Abstiegen geprägt. Unterwegs erreicht man mit dem Seealpsee, dem Fählensee und dem Sämtisersee drei wunderschöne Bergseen, an denen man aber aufgrund der Länge der Tour nur eher kurz rasten sollte. (Alternativ lässt sich die Tour auch in zwei Tagen mit Übernachtung in der Hundsteinhütte bewältigen.) Start ist in Weissbad an der Postautohaltestelle Weissbad, Zidler.

Bis Wasserauen steigt die dem Schwendebach bergan auf seiner Ostseite folgende Route nur leicht an, nach 3.3 km wechselt man die Uferseite und steigt, teils durch Wald, teils durch offene Berglandschaft, steil bergan. Nach etwa 6 km ist mit dem idyllisch gelegenen Seealpsee das erste Zwischenziel erreicht, zwei Gasthäuser laden hier zur Einkehr.

An seinem südöstlichen Ufer beginnt der zweite schwere Aufstieg mit einer serpentinenreichen Waldpassage, dann wird der Baumbewuchs spärlicher und bei Streckenkilometer 9 lädt das Berggasthaus Meglisalp zur Rast. Der dritte steile Anstieg führt – immer auf Bergpfaden – zum höchsten Punkt der Tour, der 70 Höhenmeter unterhalb des Bötzelkopfgipfels (1910 m) liegt. In dieser Höhe wandert man nun etwa 1 km ostwärts zum Widderalpsattel, dann beginnt der steile Abstieg, den man bei Streckenkilometer 12

weitere Infos

Länge:	24 km
Aufstiege | Abstiege:	1410 m | 1410 m
Challenge:	hoch
Dauer:	10 Std.
Adresse:	**Appenzellerland Tourismus AI** | Hauptgasse 4 | 9050 Appenzell
Telefon:	071 788 96 41
Internet:	www.appenzell.info

an der Alphütte Widderalp unterbrechen kann. Der Pfad führt weiter hinunter zur Chalberweid und damit ins Grüne. Es folgt ein kurzer Aufstieg, der Weg wendet sich südwärts und nach 14 km ist der Fählensee (mit Gasthaus) erreicht. Sein je nach Perspektive schwarz wirkendes Wasser produziert wunderschöne Spiegelbilder.

Ein weiterer Abstieg zwischen Alp Sigel und Stauberenkanzel führt gut 2 km nordöstlich zum Sämtisersee. Die letzten 6 km verlaufen unterhalb des Hohen Kastens durch das bewaldete Brüeltobel und später am Brüelbach entlang.

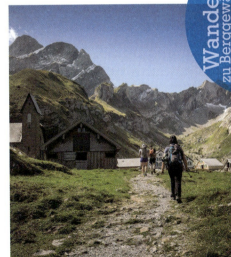

Wandern zu Berggewässern

Ostschweiz
Zürich

Ein Eiszeiterbe erleben

▶ Die Schwendiseen liegen oberhalb der Thur und unterhalb von Chäserrugg und Gamserrugg in einem geschützten Flachmoorgebiet. Mitten in der Moorlandschaft sind sie ein Erbe des vor vielen Jahrtausenden abgeschmolzenen Schwendigletschers. Von der Bergstation Iltios ist der Ausgangspunkt dieser leichten Tour in ca. 30 Minuten zu erreichen.

Los geht's an der Kreuzung Hintere Schwendistrasse/Oberguetstrasse südlich des Weilers Hintere Schwendi. Schon nach 500 m erreicht man den kleineren Hinteren Schwendisee. Südlich von ihm beginnt – grossteils durch ein Waldgebiet – ein leichter Anstieg. Nach 1.7 km trifft man auf die SchweizMobil-Route 48, der man nun durch ein Waldgebiet für 1 km folgt. Dann (bei Streckenkilometer 2.6) verlässt man die SM-Route und biegt in die Häggistrasse ein. Bei Kilometer 3.2 wendet man sich – immer noch auf der Häggistrasse – scharf nach Westen. Nach weiteren 100 m verlässt man die Häggistrasse zugunsten eines nach Nordwesten führenden Pfades. Über ihn wird

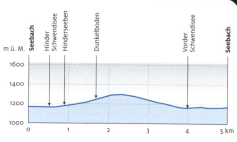

weitere Infos

Länge:	5.0 km
Aufstiege | Abstiege:	160 m | 160 m
Challenge:	niedrig
Dauer:	1 Std. 15 Min.
Adresse:	**Toggenburg Tourismus** | Hauptstrasse 104 | 9658 Wildhaus
Telefon:	071 999 99 11
Internet:	www.toggenburg.swiss

die Nordseite des Vorderen Schwendisees erreicht. Der Weg führt nun an dessen Ostseite entlang und dann durch das Moorgebiet, von dessen Südseite aus nun noch etwa 700 m zurück zum Ausgangspunkt zu wandern sind.

Am Vorderen Schwendisee stehen übrigens zwei Feuerstellen zur Verfügung.

Wandern zu Berggewässern

Ostschweiz
Zürich

Zu den Thurwasserfällen und zum Gräppelensee

▶ Diese Tour führt von Unterwasser nach Alt St. Johann – auf direktem Weg trennen 2 km die beiden Orte voneinander. Der Wanderweg – der erste Teil bis zu den Thurwasserfällen ist mit der SchweizMobil-Nummer 24 ausgezeichnet – schlägt einen weiten Bogen nach Norden: zu den Thurwasserfällen, auf der Ostseite des Lauibergs zum Gräppelensee und auf seiner Westseite wieder hinunter ins Tal nach St. Johann und zur Thur.

Die Wanderung beginnt an der Postautohaltestelle Unterwasser, Post. Das erste grosse Highlight wird schon nach 800 m auf einem bequemen Naturwanderweg erreicht – im engen Chämmerlitobel rauschen in zwei Kaskaden die Thurwasserfälle 23 m tief zu Tal. Nach ausgiebigem Genuss dieses Naturschauspiels geht's auf dem Ennetthurweg, der ein Stück weiter in die Nesselhaldenstrasse einmündet, nordwärts. Kurz vor Chüeboden biegt man südwestwärts auf den Haltweg ab, wendet sich nordwärts auf den Weg Halden-Vorderburst, der wenig später in einen Pfad übergeht. Bis zum Chüebodenberg steigt der Weg auf 1329 m

18

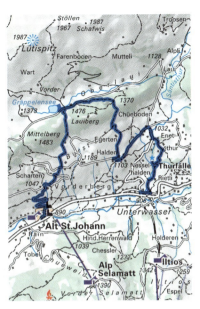

weitere Infos

Länge:	9 km
Aufstiege ⁞ Abstiege:	530 m ⁞ 540 m
Challenge:	mittel
Dauer:	3 Std. 30 Min.
Adresse:	**Toggenburg Tourismus** ⁞ Hauptstrasse 104 ⁞ 9658 Wildhaus
Telefon:	071 999 99 11
Internet:	www.toggenburg.swiss

an, dann folgt eine mehr oder weniger ebene Passage zum Gräppelensee auf 1307 m ü. M. in einem Moorgebiet. Zu den wunderschönen Motiven hier zählt der Blick vom Holzsteg im See zum Wildhauser Schafberg im Osten. Baden ist hier erlaubt, ein Picknickplatz samt Grillstelle ist eingerichtet.

Vom See geht's nun in einem kurzen Aufstieg hinauf auf den Chrinn und dann talwärts – beginnend mit einer kurzen Waldpassage und dann in offener Landschaft mit gutem Blick ins Tal hinunter nach Alt St. Johann und zur Thur. Wer mit dem Auto angereist ist, fährt von der Postautohaltestelle jenseits des Flusses zum Startpunkt zurück.

Wandern zu Berggewässern

Ostschweiz
Zürich

Wandern, Baden und Grillieren am Voralpsee

▶ Diese Tour startet bequem: Mit der Iltiosbahn fährt man vom Unterwasser zum Bergrestaurant Iltios, von dort geht's mit der Seilbahn auf den Chäserrugg (2262 m). Dort steht mit dem Gipfelrestaurant von Herzog & de Meuron eine architektonische Attraktion, rundum wandert der Blick über hunderte Gipfel und Länder wie Italien, Schweiz und Liechtenstein. Hier beginnt die Wanderung – zunächst auf der SchweizMobil-Route 950 – und führt gut 7 km weit fast ausschliesslich bergab, oft durch Fels- und Gesteinsformationen. Zunächst geht es ostwärts zum Sattel (1945 m). Hier verlässt man die SchweizMobil-Route in südöstlicher Richtung und wandert unterhalb des Gamserugg-Gipfels in offener Berglandschaft in Richtung Risiwald, den man nach gut 5 km

19

erreicht. Durch den Wald führt der Weg nun zum Berggasthaus Voralp und auf der SchweizMobil-Route 922 dann weiter süd-

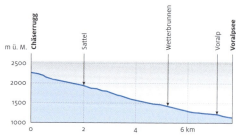

wärts in Richtung Voralpsee, dem Ziel der Tour; er liegt idyllisch mitten in der Bergwelt. Im Sommer ist er auch als Badesee beliebt, Feuerstellen laden zum Grillieren ein, auch an einem Kiosk kann man sich verpflegen.

Wer mag, umrundet noch den See und sucht sich ein schönes Plätzchen, um das Idyll zu geniessen. Der See hat gleich mehrere Zuflüsse, einen Abfluss wird man aber nicht entdecken – er verläuft unterirdisch.

Für den Rückweg ins Tal geht man nordwärts auf schon bekannter Strecke, der SchweizMobil-Route 922, leicht bergauf zum Berggasthaus Voralp und seiner Postautohaltestelle.

weitere Infos

Länge:	7.7 km
Aufstiege | Abstiege:	130 m | 1130 m
Challenge:	mittel
Dauer:	3 Std.
Adresse:	**Toggenburg Bergbahnen AG** | Dorfstrasse 17 | 9657 Unterwasser
Telefon:	071 998 68 10
Internet:	www.chaeserugg.ch

Wandern zu Berggewässern

Ostschweiz
Zürich

Vom Walensee zu den Seerenbachfällen

▶ Ausgangs- und Endpunkt dieser schönen Tour auf der Nordseite des Walensees sind jeweils Schiffsanlegestellen – Betlis und Quinten. Sie verläuft von Betlis zunächst nord-, dann ostwärts nach Vorderbetlis, wo sie auf die SchweizMobil-Route 68 trifft, der sie bis zum Ziel in Quinten – dem wohl einzigen Ort in der Schweiz, der nur zu Fuss oder per Schiff erreicht werden kann – folgt.

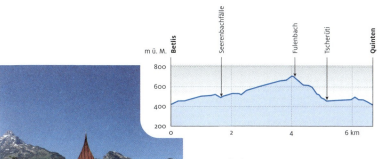

Vom Schiffsanleger aus wandern Sie östlich unterhalb der Burgruine nordwärts und biegen nach etwa 300 m ostwärts auf die Untere Betliserstrasse ein. Ihr folgen Sie nun oberhalb des Ufers, über Weiden und am Wald entlang, bis sie auf die SchweizMobil-Route stösst. Nach 1.5 km biegen Sie nordwärts nach links ab auf den Wasserfallweg. Nur wenige hundert Meter weiter stürzen die dreistufigen Seerenbachfälle – sie zählen zu den grössten Wasserfällen Europas – zu Tal und vereinigen sich dabei mit der Rheinquelle. Ein wirklich eindrucksvolles Spektakel!

Nach dessen Genuss wandern Sie durch ein Waldstück südwärts zurück zur SchweizMobil-Route. Auf ihr überqueren Sie den ganz jungen Rhein, folgen seinem Lauf kurz in Richtung See und biegen dann nach Osten ab, wo der Weg auf der Nordseite des Walensees verläuft. Bei Kilometer 4.3 haben Sie den riesigen Steinbruch und damit den höchsten Punkt der Route erreicht. Es folgt ein 1.2 km langer Abstieg, bei dem Sie auf gut 1 km 245 Höhenmeter absteigen. Unterwegs quert die Route den Fulenbach, dann wandern Sie – meist durch schattigen Wald – nach Quinten, wo der Weg nun durch Rebgärten mit wunderbarer Sicht auf den See zum Schiffsanleger führt.

weitere Infos

Länge:	6.9 km
Aufstiege	Abstiege:	400 m	400 m
Challenge:	niedrig
Dauer:	2 Std. 30 Min.
Adresse:	**Heidiland Tourismus AG**
	Flumserbergstrasse 196
	8898 Flumserberg
	Tannenbodenalp
Telefon:	081 720 18 18
Internet:	www.heidiland.com

Ostschweiz
Zürich

Über den Talalpsee zum Walensee

▶ Startpunkt der Wanderung ist die Bergstation der Sportbahnen Filzbach (Habergschwänd). Von hier führt die SchweizMobil-Route 73 angenehm bergab zum Talalpsee, der bereits nach 2 km auf 1084 m ü. M. erreicht wird. Dieser Abschnitt ist auch als Geo-Phänomeneweg ausgezeichnet, auf dem Infotafeln z. B. darüber aufklären, wie der Wasserabfluss aus dem See funktioniert. Am See kann man grillieren, zwei Feuerstellen stehen dafür zur Verfügung. Wer sich lieber bedienen lässt, ist im Restaurant Talalpsee richtig. Baden ist erlaubt, aber nur im Sommer zu empfehlen.

Die Route führt um den See herum und dann ein kurzes Stück auf der SchweizMobil-Route 73 zurück, ehe sie beim Restaurant Talalp in nordöstlicher Richtung auf die Talalpstrasse abzweigt. 100 m weiter verlässt man diese schon wieder und wandert zwischen Geissberg und Hirnibüel hindurch auf dem Schönbüelweg durch Wälder und über Weiden fast ausschliesslich bergab nordostwärts. Bei Streckenkilometer 6.3 stösst man bei Obstalden auf die SchweizMobil-Route 820, der man ostwärts zur Sagenbrugg folgt und dann im Brändenloch den Meerenbach überquert. Weitere Stationen bis zum Zielort Mühlehorn (Postautohaltestellen, Bahnhof, Schiffsanleger) sind Vortobel und Oberschlacht.

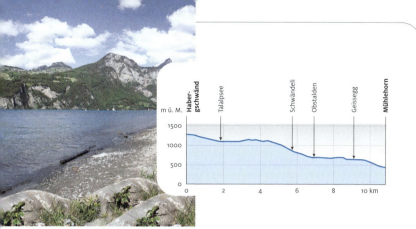

Wandern zu Berggewässern

weitere Infos

Länge:	10.9 km
Aufstiege | Abstiege:	150 m | 1000 m
Challenge:	mittel
Dauer:	3 Std. 30 Min.
Adresse:	**VISIT Glarnerland – Gäste-Info Braunwald** | Dorfstrasse 5 | 8784 Braunwald
Telefon:	055 645 03 03
Internet:	www.braunwald.ch

Gsponbachfall und Murgseen

▶ Mornen, der Start- und Zielpunkt dieser spektakulären Rundtour, ist mit dem Taxi Walensee zu erreichen. Am Ostufer des Murgbachs entlang führt sie zunächst nordwärts, dann quert die Route den Murgbach und führt durch den Gspondwald gut 1 km recht steil bergauf hinauf zum Gsponbachfall. 75 m tief stürzt er wild ins Murgtal hinunter – ein unvergesslicher Anblick!

Am Gsponbach und dann am Mürtschenbach entlang wandert man nun aufwärts, der Baumbewuchs wird immer lichter und ist am Murgseefurgglen (1985 m ü. M.), dem höchsten Punkt der Route, ganz verschwunden. Hier öffnet sich der Blick hinab auf die drei Murggseen. Am grössten von ihnen, dem Oberen Murgsee, lädt die Murgseehütte zur Einkehr, einen Katzensprung östlich fasziniert der Mittlere Murgsee, unterhalb dessen das Wasser des Murgbachfalls in Richtung Unterer Murgsee

stürzt. Der uralte und streng geschützte Arvenbestand hier lässt die Szenerie geradezu märchenhaft erscheinen!

Östlich vom Murgbach geht's nun unterhalb von Hochmättli und Silberspitz über die Alp Guflen zur Alp Mornen und damit zum Ausgangspunkt dieses Wander-Klassikers zurück.

weitere Infos

Länge:	14.5 km
Aufstiege ǀ Abstiege:	900 m ǀ 900 m
Challenge:	hoch
Dauer:	6 Std.
Adresse:	**Heidiland Tourismus** Flumserbergstrasse 196 8898 Flumserberg Tannenbodenalp
Telefon:	081 720 18 18
Internet:	www.heidiland.com

22

Wandern zu Berggewässern

Ostschweiz
Zürich

Zum Publikumsliebling Chapfensee

▶ Unterhalb der Burgruine Nidberg beginnt diese Wanderung am Ufer der Seez in Mels. 4 km weit führt sie hinauf nach Vermol – rund 630 Höhenmeter steigt sie bis dahin an. Ihre Hauptattraktion ist auf 1029 m ü. M. der 800 m lange und 150 m breite Chapfensee, ein unter Naturschutz stehender gestauter Bergsee mit zwei kleinen Inseln – zu denen der Zugang aber nicht erlaubt ist. Baden darf man innerhalb eines markierten Bereichs, Feuerstellen und Picknickplätze stehen zur Verfügung, auch Sitzbänke laden zur Rast und dazu ein, die Szenerie in Ruhe auf sich wirken zu lassen.

Diese Route führt einmal um den See herum – es gibt also genügend Möglichkeiten, sich auch bei grösserem Andrang sein eigenes Plätzchen zu suchen und z. B. die Spiegelung der Tannen auf dem Wasser zu beobachten.

Nach dem entspannten See-Erlebnis wandert man zum hoch oben über dem Seeztobel gelegenen Berghaus „Alpenrösli"

zurück. Hier kann man einkehren und anschliessend mit dem Taxi weiterfahren.

Wer noch Energie und Lust hat, wandert zusätzlich 3.8 km abwärts nach Mels zurück, wo man beispielsweise die prähistorisch-mittelalterliche Höhensiedlung Castels sowie mehrere Kirchen besichtigen kann.

Zudem besitzt die Stadt u. a. einen Steingarten, in dem man Wissenswertes über die erdgeschichtlichen Perioden erfährt.

weitere Infos

Länge:	8.8 km
Aufstiege | Abstiege:	800 m | 190 m
Challenge:	mittel
Dauer:	3 Std. 30 Min.
Adresse:	**Heidiland Tourismus AG** | Am Platz 1 | 7310 Bad Ragaz
Telefon:	081 300 40 20
Internet:	www.heidiland.com

Wandern zu Berggewässern

Ostschweiz
Zürich

Seen-Klassiker im Pizolgebiet

▶ Den Startpunkt dieses wunderschönen, gut ausgebauten Panorama-Bergwanderwegs erreicht man mit der Standseilbahn von Wangs nach Furt und weiter hinauf von Furt zur Bergstation Gaffia auf 1870 m ü. M. Fast 1000 Meter Anstiege sind hoch über der Waldgrenze in abwechslungsreicher Szenerie zu bewältigen, nicht weniger als 5 Bergseen laden zur Rast, zum Staunen und Geniessen ein. Und ganz nebenbei erfreut man sich an Einblicken in das UNESCO-Weltnaturerbe Sardona.

Erstes Ziel ist nach 1.8 km und gut 300 Höhenmetern der Baschalvasee unterhalb des Gamidaurspitz, dessen Wasser je nach den Lichtverhältnissen die Farbe wechselt. Bei guter Sicht kann man hier bis ins Rheintal blicken. Weiter geht's zum rund 2 km weiter südlich gelegenen dunklen Schwarzsee (2372 m), der an seinem Nordufer passiert wird. Dann steigt man ostwärts zum höchsten Punkt der Route (2495 m) am Schwarzchopf auf und wendet sich südwärts zum grünlich schimmernden Schottensee. Weiterhin südwärts, aber nun steil bergauf, wandert man etwas oberhalb des Ufers am Wildsee vorbei, dessen milchig-blaues Wasser geradezu unwirklich erscheint. Nach gut

24

7.5 Streckenkilometern ist nun die letzte nennenswerte Steigung bewältigt und es geht bergab durch bizarre Felsformationen zum Tourenziel, der Pizolhütte. Hier fällt der Blick auf den Wangsersee. Dessen Ufer, von dem aus man nochmals einen prächtigen Blick auf die Bergwelt im Pizolgebiet geniesst, ist etwa 500 m entfernt.

weitere Infos

Länge:	10.2 km
Aufstiege Abstiege:	970 m 610 m
Challenge:	mittel
Dauer:	4 Std. 30 Min.
Adresse:	**Pizolbahnen AG**
	Loisstrasse 50
	7310 Bad Ragaz
Telefon:	081 300 48 30
Internet:	www.pizol.com

Wandern zu Berggewässern

In die Wasserfall-Arena Batöni

▶ Das Highlight dieser Tour auf der SchweizMobil-Route 73 ist der Blick auf gleich mehrere Wasserfälle, die an mächtigen Felswänden rauschend in die Tiefe stürzen. Am besten geniesst man ihn von der Batöni-Hängebrücke aus. Suchen Sie sich sich ein stilles Plätzchen und lassen Sie das Naturschauspiel auf sich wirken!

Einen solchen Moment gilt es sich zu verdienen! Lang ist die Wanderung zur Batöni-Hängebrücke nicht, dafür umso steiler, gilt es doch, fast 600 Höhenmeter zu bewältigen. Einfach hingegen ist die Wegführung. Der Startpunkt der Wanderung ist die Postautohaltestelle Oberdorf im Weiler Weisstannen (Parkplätze stehen

hier ebenfalls zur Verfügung). Von hier folgen Sie stets dem Tal des Gufelbachs, schon anfangs geht es ordentlich nach oben. Das letzte Stück des Wegs verläuft direkt am Bach und schon bald hören und sehen Sie die drei Wasserfälle: den 81 m hohen Piltschinabachfall links, den 86 m hohen Sässbachfall in der Mitte und den 45 m hohen Muttenbachfall rechts. Insgesamt vereinen sich hier fünf Bäche zum Gufelbach. Verweilen Sie ein wenig in der Wasserfall-Arena Batöni und spüren Sie die Energie und Ruhe, die von diesem Ort ausgeht! Gerne können Sie auch das klare Bergwasser kosten und nach Gämsen und Steinböcken Ausschau halten!

Auf dem gleichen Weg geht es anschliessend wieder zurück zur Postautohaltestelle.

Wandern zu Berggewässern

weitere Infos

Länge:	8.1 km
Aufstiege | Abstiege:	590 m | 590 m
Challenge:	mittel
Dauer:	3 Std. 30 Min.
Adresse:	**Heidiland Tourismus AG** | Infostelle Bad Ragaz | Am Platz 1 | 7310 Bad Ragaz
Telefon:	081 300 40 20
Internet:	www.heidiland.com

Ostschweiz
Zürich

Zum mystischen Oberblegisee

▶ Diese gemütliche Wanderroute bringt Sie zum tiefblauen Oberblegisee, der zu den schönsten Bergseen der Schweiz zählt. Sie eignet sich ganz besonders für Familien, da sie viele Möglichkeiten zum Picknicken, Sonnen und Baden bietet. Das grosse Geheimnis des Sees rankt sich um seinen Abfluss, der noch immer nicht richtig erforscht ist. Wilde Bergbäche und eine wunderbare Alpenflora umrahmen dieses Naturspektakel.

Von Braunwald nehmen Sie erst einmal die Bergbahn zum Grotzenbüel, von wo aus Sie einen atemberaubenden Ausblick auf die Glarner Berge haben. Das Bergrestaurant Chämistube lockt mit seiner wunderbaren Sonnenterrasse, mit Spezialitäten der Saison und einem fantastischen Kinderspielplatz.

Auf einem leicht abfallenden Panoramaweg spazieren Sie zum Unter Stafel der Braunwaldalp. Über Wiesen und durch lichte Wälder führt ein Pfad zur Alp Bösbachi. Anschliessend wandern Sie auf einem wunderschönen Bergweg zum

idyllischen Oberblegisee auf 1422 m ü. M., der seine Entstehung einer Gletschermoräne verdankt, die das Wasser aufstaut. An heissen Tagen lädt der geheimnisvolle See zu einem kühlen Bad ein. Auf jeden Fall lässt es sich hier herrlich rasten und picknicken.

Irgendwann aber heisst es dann Abschied nehmen vom See. Vorbei an Oberblegi Unterstafel geht es bergab zur Bergstation der Brunnenbergbahn. Die Luftseilbahn bringt Sie hinunter nach Luchsingen, wo Sie die Bahn nach Linthal oder gleich talauswärts nehmen können.

weitere Infos

Länge:	8.3 km
Aufstiege | Abstiege:	200 m | 660 m
Challenge:	niedrig
Dauer:	3 Std.
Adresse:	**Braunwald-Klausenpass Tourismus AG** | Dorfstrasse 2 | 8784 Braunwald
Telefon:	055 653 65 65
Internet:	www.braunwald.ch

Ostschweiz
Zürich

Diesbachfall und Seelis

▶ Auf dieser anspruchsvollen Tour erreicht man schon kurz nach dem Start am Bahnhof Diesbach-Betschwanden den Diesbach, wenige hundert Meter weiter am Ortsrand von Betschwanden den Diesbachfall, dessen Wasser spektakulär und fast in seiner ursprünglichen Pracht zu Tal stürzt. Von hier folgt der Weg etwa 3 km weit bergwärts in südöstlicher Richtung dem Bachlauf und biegt dann am Bodmenberg nach Nordosten ab. Am Übelbach angekommen biegt er nach Südosten ab und folgt dem Bachlauf bis unterhalb des Fätschenhorns, wo er auf den Ängiseebach stösst, dessen Wasserspender, das tiefblaue Ängiseeli, nach knapp 8 km erreicht ist. In direkter Nachbarschaft, aber 23 m höher, ist das Chammseeli ein weiteres Bergsee-Juwel an dieser Route erreicht. Südlich der See-

weitere Infos

Länge:	13.4 km
Aufstiege | Abstiege:	1690 m | 690 m
Challenge:	hoch
Dauer:	7 Std.
Adresse:	**VISIT Glarnerland** | Niederacher 1 | 8784 Braunwald
Telefon:	055 610 21 25
Internet:	www.glarnerland.ch

lis erreicht sie mit 2051 m ihren höchsten Punkt, wo sich ein wunderschöner Blick auf die Bergseeszenerie eröffnet.

Weiter geht's in leichtem Auf und Ab in Richtung Matzlenstock, unter dessen Gipfel man auf die SchweizMobil-Route 818 stösst. Ihr folgt man bergab zum Stausee Garichti, der den Niderenbach speist.

Mit der Seilbahn (oder dem Alpentaxi) fahren Sie zur Talstation Kies, wo Sie mit dem Postauto weiterreisen können.

Etwas südlich der beiden Bergseen können Sie in der Leglerhütte am Fuss des Kärpf-Massivs übernachten. Unbedingt reservieren! Der Weg dorthin bringt nochmals eine Anstrengung – in vielen Serpentinen sind rund 200 Höhenmeter zu bewältigen.

Wandern zu Berggewässern

Ostschweiz Zürich

Vom Muttsee zum Limmerensee

▶ Die Luftseilbahn ab Tierfehd, die Sie hinauf zum Kalktrittli befördert, erreichen Sie am besten mit dem Auto. Der eigentliche Zweck dieser Bahn, die innerhalb von 7.5 Minuten 1000 Höhenmeter bewältigt, ist es, Mitarbeiter des Kraftwerks Muttsee sowie für dieses gedachtes Material zu befördern. Sie steht aber auch Wanderern zur Verfügung. Tickets kann man vor Ort am Ticketautomaten lösen, Parkplätze sind vorhanden.

Die Tour führt durch eine wunderschöne, mancherorts geradezu mystische Bergwelt – und beginnt mit einer echten

Herausforderung: Auf den ersten 3.3 km unterhalb von Nüschenstock und später Muttenwändli sind 690 Höhenmeter zu bewältigen! Es folgt ein leichter Abstieg zur Muttseehütte. Etwa 125 m tiefer glänzt der Muttsee in der Sonne. Seine Ursprünglichkeit als Bergsee hat er 1963 mit dem Bau einer Staumauer (mit 1054 m seit ein paar Jahren die längste der Schweiz) verloren. Gerade von ihr aus bietet sich jedoch eine wunderbare Aussicht auf den See – vor dem spektakulären Panorama von Nüschenstock, Hintersulzhorn und Ruchi.

Nachdem man dieses Juwel hat auf sich wirken lassen wandert man zurück zur Muttseehütte und dann steil bergab (besonders schwierige Stellen sind mit Stahlseilen gesichert) am Muttenchopf vorbei zum vom Muttenbach gespeisten türkisfarbenen, langgestreckten Limmerensee, ebenfalls ein Stausee.

Von dort folgt ein Abenteuer der besonderen Art: Der Weg führt nun 3 km weit durch einen Bergstollen zurück zum Ausgangspunkt dieser Tour.

weitere Infos

Länge:	11.8 km
Aufstiege	Abstiege:	750 m	790 m
Challenge:	mittel
Dauer:	4 Std. 30 Min.
Adresse:	**VISIT Glarnerland**	Niederacher 1	8867 Niederurnen
Telefon:	055 610 21 25
Internet:	www.glarnerland.ch

Zentralschweiz

äffikon

zentralschweiz

Zum Seelisberger See – zwischen Vierwaldstätter- und Urnersee

▶ Diese an Seeperspektiven kaum zu überbietende Route beginnt in Emmetten an der Postautohaltestelle Emmeten Post. Zu etwa zwei Dritteln verläuft sie auf den SchweizMobil-Routen 2, 4, 98 und 99 und bietet jede Menge Ausblicke, zunächst am Vierwaldstättersee, dann am Urnersee, an dessen Ufern gewaltige Berge aufragen, bis hin zum idyllischen Seeli bei Seelisberg. Hier, unterhalb von Brandegg, Scheidegg und Niederbauen, nur rund 500 m Luftlinie vom Vierwaldstättersee entfernt, hat von Mitte Mai bis Mitte September eine Naturbadi mit grosser Liegewiese, Kiosk und mehreren Grillstellen alles zur

29

Verfügung, was man für den Badespass braucht. Von dort geht's durch den Brennwald westwärts nach Meinig, hinter Vorder Sonnwil trifft man bei Vorder Weidli wieder auf die SchweizMobil-Route 4, der man nun zurück zum Ausgangspunkt in Emmetten folgt.

Wer Interesse an einer ungewöhnlichen Brückenkonstruktion hat, macht hinter Moosegg noch einen kleinen Abstecher zum Kohltalbach und zur Schluchtwegbrücke. Für die Unterkonstruktion dieser Fussgängerbrücke wurde ein ausrangierter Baukranausleger (Spannweite 41 m) verwendet.

weitere Infos

Länge:	17.7 km
Aufstiege Abstiege:	720 m 720 m
Challenge:	hoch
Dauer:	6 Std.
Adresse:	**Tourismusregion Klewenalp-Vierwaldstättersee** Kirchweg 12 6375 Beckenried
Telefon:	041 624 66 00
Internet:	www.regionklewenalp.ch

Wandern zu Berggewässern

Zentralschweiz

Badespass am Arnisee

▶ Diese Tour beginnt beim Berggasthaus Arnisee, das nur etwa 100 m vom Seeufer entfernt ist. Man erreicht es von Amsteg aus mit der Luftseilbahn Intschi-Arnisee. Auch wenn der Arnisee (1368 m. ü. M) strenggenommen kein „echter" Bergsee ist – er ist künstlich gestaut –, bietet er mitten in den Bergen doch alles, was man von einem Bergsee erwartet: Sonne, schöne Ausblicke in die Bergwelt und ins Tal sowie klares, tiefblaues Wasser. Ein idealer Ort, um z. B. mit Kindern zunächst Badespass zu geniessen und das Ausflugs-Abenteuer dann mit einer leichten Wanderung abzuschliessen.

Vom Arnisee aus führt diese zunächst leicht bergan, man überquert den Leitschachbach und erreicht nach 1.4 km den höchsten Punkt der Route, die Heissigegg. Von hier aus geht es nur noch talwärts. Zunächst führt der Weg durch den Rostwald, bald überquert man den Intschialpbach und wandert – zunächst noch durch Wald, dann fast nur noch durch offene Berglandschaft, südwärts in

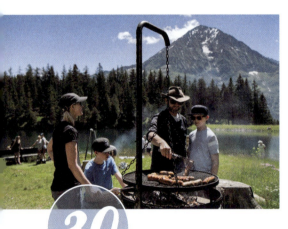

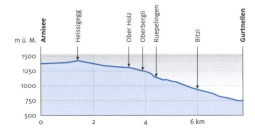

Richtung Reuss. Unterwegs bieten sich grossartige Ausblicke ins Maderanertal mit dem Bristen.

Vom kleinen Dorf Gurtnellen an der Reuss nimmt man an der Haltestelle Grünen Waldstrasse das Postauto.

Wandern zu Berggewässern

weitere Infos

Länge:	7.8 km
Aufstiege │ Abstiege:	60 m │ 690 m
Challenge:	niedrig
Dauer:	2 Std. 15 Min
Adresse:	**Uri Tourismus AG**
	Schützengasse 11
	6460 Altdorf
Telefon:	041 874 80 00
Internet:	www.uri.info

Zentralschweiz

Zum Golzerensee und dem Stäuber-Wasserfall

▶ Im Maderanertal bringt Sie die Luftseilbahn Bristen-Golzern zum Startpunkt dieser Tour auf 1395 m ü. M. Zunächst folgen Sie der SchweizMobil-Route 590 ostwärts, biegen dann aber nach 1.2 km hinter Seewen zum Golzerensee ab. Seinen Namen hat dieser mittelgrosse Bergsee am Nordhang des Maderanertals von der Alp, auf der er liegt. Wer hier länger verweilen möchte, kann auch im Gasthaus Edelweiss

an der Westseite des Sees einkehren. Die Route führt an der Südseite des Sees entlang und dann steil und teils in Serpentinen bergab zum Chärstelenbach hinunter. Seinem Lauf folgend geht es auf der

weitere Infos

Länge:	17 km
Aufstiege | Abstiege:	670 m | 1250 m
Challenge:	hoch
Dauer:	6 Std. 30 Min.
Adresse:	**Uri Tourismus AG** | Schützengasse 11 | 6460 Altdorf
Telefon:	041 874 80 00
Internet:	www.uri.swiss

SchweizMobil-Route 590 nordostwärts in Richtung Stäuberfall. Beim Berghotel Maderanertal verlässt man die Route südwärts und wandert durch einen Wald zum Chärstelenbach und zum Stäuberboden hinab. Von hier aus und aus einiger Entfernung kann man den Wasserfall nun bestaunen. Wer ganz nahe heran will, überquert den Chärstelenbach etwas weiter talaufwärts bei Blindensee und steigt dann steil bergauf zum Brunnibach, der hinter einem Wäldchen in Sicht kommt und wenige Meter weiter zu Tal stürzt. Dass man nicht näher herantreten sollte, versteht sich von selbst.

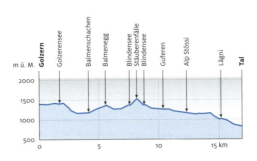

Nach diesem Erlebnis macht man kehrt und folgt dem Lauf des Chärstelenbachs nun talwärts. Am Sidenbach erreicht man wieder den Wald, durch den man vom Berghotel Maderanertal abgestiegen war, hält sich aber wenig später westwärts, überquert erneut den Bach und wandert nun an seiner Südseite weiter, bis er nach 11.7 km in die SchweizMobil-Route 590 mündet. Für die restlichen gut 4 km folgt man ihr bis zurück zur Talstation Bristen.

Wandern zu Berggewässern

Zentralschweiz

Erholung am Bannalpsee und auf dem Weg ins Tal

▶ Ausgangspunkt der Höhenwanderung, die zwischen Juni und Oktober möglich ist, ist die Chrüzhütte auf der Bannalp. Man erreicht sie von Fell (südlich von Oberrickenbach) mit der Luftseilbahn Fell-Chrüzhütte. Wer schon zu Beginn dieser leichten Tour speisen möchte, hat in unmittelbarer Nähe des auf 1586 m ü. M. in einer traumhaften Berglandschaft gelegenen Stausees die Auswahl zwischen Chrüzhütte, dem Berggasthaus Urnerstaffel und dem Berggasthaus Bannalpsee. Für alle, die grillieren möchten, stehen mehrere Feuerstellen (mit Holzvorrat) zur Verfügung.

Ob hungrig oder nicht – in jedem Fall sollte man sich für das hier gebotene Naturerlebnis viel Zeit gönnen. Baden im mal tiefblau, mal türkis schimmernden Wasser ist erlaubt.

Nach dem See-Erlebnis wird die Wanderung an der Ostseite der Staumauer wieder aufgenommen. Durch den Schindlenbodenwald führt sie hinab zum Firnhüttbach, dann leicht bergauf zum Egge-

weitere Infos

Länge:	9 km
Aufstiege | Abstiege:	210 m | 1020 m
Challenge:	mittel
Dauer:	3 Std. 30 Min.
Adresse:	**Engelberg-Titlis Tourismus AG** Hinterdorfstrasse 1 | 6390 Engelberg
Telefon:	041 639 77 77
Internet:	www.engelberg.ch

32

ligrat, dem sie nun bergab durch ein Waldstück für eine Weile folgt. Nach insgesamt knapp 7 km biegt man vom Eggeligrat ab und wandert nun auf seiner Ostseite mal durch Wald, mal durch offene Landschaft und schliesslich durch ein Flachmoor zum kleinen Ort Fell und damit zurück zum Talort der Tour.

Wandern zu Berggewässern

Zentralschweiz

Familienziel Härzlisee

▶ Diese einfache und familienfreundliche Rund- und Genusswanderung beginnt und endet bei der Station Ristis der Brunni Bahnen. Der SchweizMobil-Route 569 bergauf nordwärts folgend biegt man nach 2 km ostwärts in Richtung Brunnihütte und Härzlisee – der seinen Namen der entsprechenden Form verdankt – ab. Wer nicht in der Brunnihütte einkehren möchte, kann an einer der fünf Feuerstellen grillieren und natürlich auch snacken.

Für die Gäste gibt es eine Reihe von Attraktionen: Den Kitzelpfad rund um den See, den Kitzeltopf (Fussmassage) und den Chrüseltrog (Warm-/Kaltbad für die Arme), das alles vor einer prächtigen Bergkulisse.

Nach dem Aufenthalt am Härzlisee kann man weiter der SchweizMobil-Route zum Älplerbeizli Rigidal folgen. Wer es et-

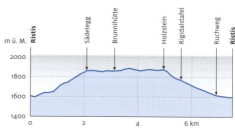

was aussichtsreicher möchte, wandert vom Süden des Sees oberhalb der Seilbahnstation – ohne grössere Auf- und Abstiege – oberhalb der Baumgrenze ostwärts durch das Rigidal bis zum Holzstein (1878 m ü. M.). Ab hier folgt man nun bergab dem südwestlich verlaufenden Weg hinunter zur Rigidalstafel (1747 m ü. M.) und erreicht damit die SchweizMobil-Route 88. Bis zum Ausgangspunkt sind nun noch 1.5 km abwärts zu wandern.

weitere Infos

Länge:	7.5 km
Aufstiege ǀ Abstiege:	370 m ǀ 370 m
Challenge:	niedrig
Dauer:	2 Std. 30 Min.
Adresse:	**Brunni-Bahnen Engelberg AG** Wydenstrasse 55 6390 Engelberg
Telefon:	041 639 60 60
Internet:	www.brunni.ch

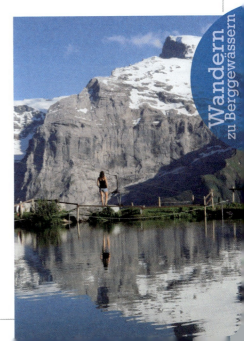

Wandern zu Berggewässern

Zentralschweiz

Auf der Vier-Seen-Wanderung die Bergwelt erkunden

▶ Bei dieser abwechslungsreichen Wanderung, die zu den schönsten Routen in der Zentralschweiz zählt, zeigt sich die Landschaft um den imposanten Titlis in ihrer ganzen Pracht: Ein weiter Blick bis zu den Berner Alpen, idyllische Bergseen und eine atemberaubende Flora sorgen für unvergessliche Momente fernab von Hektik und Alltag.

Die Route beginnt an der Bergstation auf Melchsee-Frutt und führt zunächst zum Melchsee – ein beliebtes Ziel für Angler. Für ganz wetterfeste Naturfreunde ist es zudem ein besonderes Erlebnis, sich hier im Winter im Eisfischen zu üben. Reizvoll ist auch die kleine Kapelle, in der sich junge Paare gern trauen lassen.

Weiter geht's zum zweiten See der

Wanderung, dem Tannensee. Wer mag, darf auch hier die Angel auswerfen und sein Glück versuchen. Eine Feuerstelle mit bereitgestelltem Holz ist vorhanden. Über die Tannalp wandert man nun hinunter zum ebenfalls fischreichen Engstlensee. Dort folgt der Aufstieg zum Jochpass. Nach einem rundum genussvollen Aufenthalt mit weitem Blick in die umliegende Bergwelt geht's schliesslich auf der anderen Seite des Berges hinab zum Trübsee, dem letzten See der Route. Ein Themenweg mit vielen Attraktionen führt in rund 45 Minuten um ihn herum. Unterwegs laden zahlreiche Feuerstellen zum Brätlen ein.

weitere Infos

Länge:	15 km
Aufstiege | Abstiege:	610 m | 740 m
Challenge:	mittel
Dauer:	5 Std.
Adresse:	**Engelberg-Titlis Tourismus AG**
	Hinterdorfstrasse 1
	6390 Engelberg
Telefon:	041 639 77 77
Internet:	www.engelberg.ch

34

Wandern zu Berggewässern

Zentralschweiz

Am Lungerersee zu den Dundelbachfällen

▶ Den Ausgangspunkt dieser Tour, Kaiserstuhl am Nordufer des Lungerersees, erreicht man bequem mit der Bahn oder dem Postauto. Direkt dort steigt man in die SchweizMobil-Route 4 ein, die zunächst am Nord- und nach einer kurzen Binnenpassage am Westufer des in verschiedenen Blautönen, manchmal auch smaragdgrün glänzenden Sees entlangführt. Der Weg verläuft auf einer schmalen Strasse, vorbei an Feldern und am Rand eines schattigen Waldes. Im Süden hat man das Wilerhorn (2005 m) im Blick, im Osten ragen Güpfi (2043 m) und Gibel (2036 m) auf.

Kaum hat man bei Diesselbach das Seeufer verlassen, stürzen rechter Hand über zwei Stufen die Wassermassen der Dundelbachfälle zu Tal. Nachdem der Dundelbach überquert ist, verlässt man die SchweizMobil-Route und wandert in nordwestlicher Richtung teils in Serpentinen steil bergauf, meist durch schattigen Wald. Nach etwa 5 km wechselt man wieder das Bachufer und erreicht kurz darauf die Dundelstrasse. Ihr folgt man gut

200 m weit und geht dann auf der Gehrischwendistrasse weiter nordwärts – bergauf und meist von Alpweiden umgeben –, bis man am höchsten Punkt der Route auf die SchweizMobil-Route 575 stösst. In einem grossen Bogen führt der Weg dann bergab zurück zum See und zum Ausgangspunkt.

weitere Infos

Länge:	11.5 km
Aufstiege | Abstiege:	570 m | 570 m
Challenge:	mittel
Dauer:	4 Std.
Adresse:	**Lungern Tourismus** | 6078 Lungern |
Telefon:	041 678 14 55
Internet:	www.lungern-tourismus.ch

Wandern zu Berggewässern

Bad Zurzach

infelden

Linner Wasserfall

Giessen

Aarau

Lenzburg

ten

Wohlen

Zofingen

gnau

Brugg

Baden

Ägelsee

mittelland

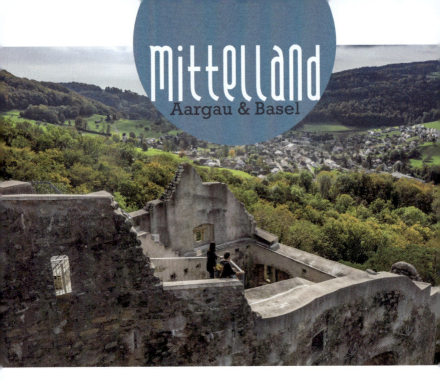

mittelland
Aargau & Basel

Im Homburgertal vom Wasserfall zur Burgruine

▶ Diese Rundtour verläuft auf der Ostseite des Homburgertals. Sie führt von Rümlingen nordwärts am Homburgerbach entlang, folgt dann südostwärts dem Chrintelbach durch den Chrindelholden und den Stierengraben. An dessen Ende erwartet Sie mit dem Wasserfall Giessen das grösste Highlight dieser Route. Danach geht's bis zum Wisenberg aufwärts auf 1001 m ü. M. und dann fast ausschliesslich abwärts nach Rümlingen zurück.

Die Wanderung beginnt am Bahnhof Rümlingen. Auf der SchweizMobil-Route 7 wandert man nordwärts – am Ostufer und oberhalb des Homburgerbachs. Nach 1 km biegt man ostwärts (SchweizMobil-Route 71) ins waldreiche Chrindeltal ab. Am Ende des Stierengrabens lädt der Wasserfall Giessen – ein wundervoller Ort der Ruhe

84

36

und Entspannung – zum Innehalten ein. Danach verlassen Sie die SchweizMobil-Route und wandern zunächst west-, dann südwärts knapp 4 km weit bergan auf den Wisenberg, den höchsten Punkt der Tour. Als Lohn für die Anstrengung geniessen Sie vom Aussichtsturm hier eine fantastische Fernsicht.

Durch die Wälder am Wisenberg geht's nun ost- und abwärts weiter. Gut 3 km vom Gipfel entfernt ist die Burgruine Homburg ein wunderschönes Etappenziel.

Hier treffen Sie auf die Schweiz-Mobil-Route 7, für etwa 1 km folgen Sie ihr nordwärts, unterhalb des Homberg-Gipfels bis zur Wannenegg. Westlich von Häfelfingen führt die Route nun zwischen Feldern und Weiden auf direktem Weg zurück nach Rümlingen.

Wandern zu Berggewässern

weitere Infos

Länge:	15.0 km
Aufstiege | Abstiege:	730 m | 730 m
Challenge:	hoch
Dauer:	5 Std. 30 Min.
Adresse:	**Baselland Tourismus** | Haus der Wirtschaft | Hardstrasse 1 | 4133 Pratteln
Telefon:	061 927 65 44
Internet:	www.baselland-tourismus.ch

mittelland
Aargau & Basel

Zum Sormattfall

▶ Diese Tour, die in Reigoldswil an der Postautohaltestelle Dorfplatz beginnt und in Bubendorf endet, hat viel zu bieten, nicht nur einen Wasserfall, sondern auch eine Höhenburg und ein Naturschutzgebiet. Die Strecke verläuft grösstenteils im Waldenburgertal, ist mit der SchweizMobil-Nummer 469 ausgeschildert und führt zunächst ostwärts, wo man nach etwa 1 km die Burgruine Reifenstein (mit Sagenweg) erreicht, zu der ein Abstecher von der Route 469 hinaufführt. Durch Wald und Feld wandert man meist leicht bergauf nach Titterten und von dort, oft an Waldrändern entlang, nordwärts, wo zwischen Gugger und Glingmatt mit 690 m ü. M. der höchste Punkt dieser romantischen Wanderung im Baselbiet erreicht wird. Auf den folgenden 3 km geht's nun fast ausschliesslich bergab. Unterhalb von Schloss Wildenstein erreichen Sie den Sormattfall, wo das Wasser des Fluebachs über zwei Stufen in die Tiefe stürzt.

37

weitere Infos

Länge:	12.5 km
Aufstiege ∣ Abstiege:	420 m ∣ 550 m
Challenge:	mittel
Dauer:	4 Std.
Adresse:	**Region Wasserfallen** ∣ Oberbiel 62 ∣ Postfach 19 ∣ 4418 Reigoldswil
Telefon:	061 941 18 20
Internet:	www.region-wasserfallen.ch

Die nächste Attraktion – Schloss Wildenstein, die einzige gut erhaltene Höhenburg in der Region Baselland – ist nur einen Katzensprung entfernt. Das Naturschutzgebiet rund um das öffentlich zugängliche Schloss ist berühmt für seine uralten Eichen, durch die Schlossanlagen führt kostenlos ein Informationspfad.

Vom Schloss geht's dann leicht bergauf zum Mureberg und weiter bergab nach Bubendorf, von wo man z. B. von der Postautohaltestelle Bubendorf, Zentrum weiterreisen kann.

Wandern zu Berggewässern

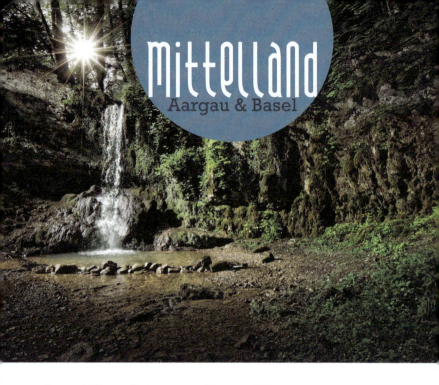

mittelland
Aargau & Basel

Vom Häxeplatz zum Sägemüli, vom Linner Wasserfall nach Brugg

▶ Diese nur wenig herausfordernde Tour beginnt in Effingen und endet in Brugg, im Herzen des Kantons Aargau. Ab Linn, dem höchsten Punkt der Tour, den man nach 4.4 km erreicht, verläuft sie auf der SchweizMobil-Route 5 und fast ausschliesslich abwärts. Ein Höhepunkt unterwegs ist nach 2.6 km unterhalb von Häxeplatz und Sagemüli beim Steinbruch der Linner Wasserfall.

An der Postautohaltestelle Effingen, Dorf, beginnt die Tour. Sie führt nach Südwesten aus dem Ort heraus und dann am Fuss des Widräk entlang über Felder zum Sagemüli und zum Steinbruch, wo man den von viel Grün umgebenen, 5.4 m hohen Wasserfall passiert.

Nach dem Aufenthalt hier wandert man weiter nach Linn, einem Dorf, das für einen uralten Baum am Ortseingang bekannt ist: Die etwa 800 Jahre alte Linner Linde mit einem Stammumfang von 11 Metern! Mittlerweile ist man auf der SchweizMobil-Route unterwegs, der Weg verläuft oberhalb der Aare durch die hügelige Aargauer Landschaft mit Wald- und Feldpassagen ostwärts nach Brugg. Beim Schwarzen Turm, einem Bauwerk aus dem 12. Jahrhundert, wird die Aare überquert und man ist mitten in der Altstadt. Zum Bahnhof Brugg ist es dann nur noch ein Katzensprung.

Wandern zu Berggewässern

weitere Infos

Länge:	13.0 km
Aufstiege ∣ Abstiege:	270 m ∣ 350 m
Challenge:	mittel
Dauer:	3 Std. 30 Min.
Adresse:	**Jurapark Aargau** ∣ Linn 51 ∣ 5225 Bözberg
Telefon:	062 877 15 04
Internet:	www.jurapark-aargau.ch

mittelland
Aargau & Basel

Idyll am Ägelsee

▶ Der in einem geradezu märchenhaften Buchenwald gelegene Ägelsee ist ein echtes Idyll – wegen seiner märchenhaften Lage in einem Naturschutzgebiet, aber auch, weil man ihn nur mit dem Velo oder zu Fuss erreichen kann. Parkmöglichkeiten gibt es auf dem öffentlichen Parkplatz in Kindhausen, die geeignetste Postautohaltestelle ist „Kindhausen AG".

Der Weg verläuft zunächst leicht ansteigend auf der Egelseestrasse in nordwestlicher Richtung und knickt nach etwa 500 m nach Südwesten ab. Über Felder geht's weiter Richtung Wald, durch den

der Weg nun bergan zum Ägelsee führt. Hier gibt es, malerisch gelegen, Rast- und Grillplätze. Zudem können Sie sich an zwei gekennzeichneten Badeplätzen erfrischen. Auch ein Steg mit Sprungturm ist dort errichtet.

Gestärkt und erfrischt geht's dann weiter zur Nordspitze des Sees (auf dessen Grund übrigens die Ruine einer Ritterburg liegen soll), wo im Wald eine gut 2 km lange Steigungsstrecke zum Heitersberg (788 m) beginnt. Durch die Bäume bieten sich immer wieder Ausblicke nach Westen ins Reuss- und nach Osten ins Limmattal. Vom Heitersberg führt die Strecke weiter im Wald in Richtung der Ruine der Burg Kindhausen – sie lohnt den kleinen Abstecher von dieser Route. Nur die Grundmauern der Anlage und ein Teil des Rundturms sind erhalten, eine tolle Kulisse für eine Rast!

Weiter geht's dann zurück zum Südufer des Sees und von dort auf schon bekannter Route nach Kindhausen zurück.

weitere Infos

Länge:	7.9 km
Aufstiege | Abstiege:	270 m | 270 m
Challenge:	niedrig
Dauer:	2 Std. 15 Min.
Adresse:	**Aargau Tourismus AG** | Laurstrasse 10 | 5200 Brugg
Telefon:	062 823 00 73
Internet:	www.aargautourismus.ch

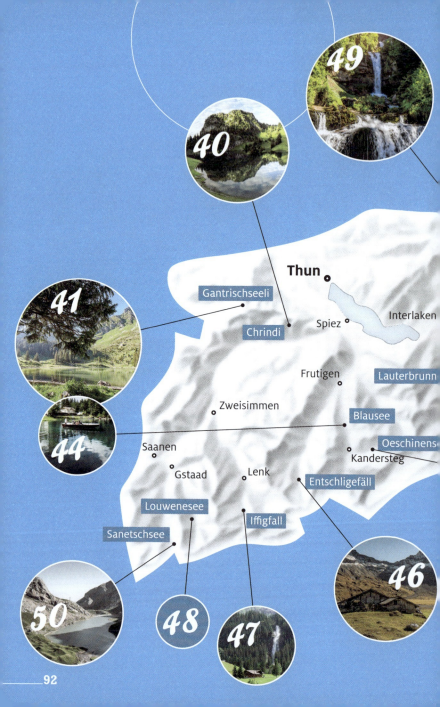

Brienz
Meiringen
essbachfälle
Reichenbachfall

achsee
Grindelwald

berner oberland

berner oberland

Zwei Bergseen am Stockhorn

▶ Dieser Weg vom Chrindi zum Stockhorn führt Sie zu zwei idyllischen Bergseen im Kanton Bern. Die Tour ist zwar nicht lang, stellt mit dem Aufstieg vom Oberstockensee zur Bergstation Stockhorn aber durchaus eine Herausforderung dar. Wer es lieber weniger anstrengend mag, fährt einfach bis zur Bergstation Stockhorn hinauf, wandert dann talwärts zum Oberstockensee und weiter zum Hinterstockensee und zur Mittelstation Chrindi. An beiden Seen ist übrigens das Angeln erlaubt – das Fischerpatent gibt's an der Talstation der Stockhornbahn. Auch Baden und Grillieren darf man hier.

Der Weg beginnt bei der Mittelstation Chrindi – gerade 300 m trennen Sie vom Ufer des fast ganz von Alpweiden umgebenen Hinterstockensee auf 1594 m ü. M. Hier sollten Sie sich am Seeufer ein schönes Plätzchen suchen, die prächtige Bergszenerie und – bei Windstille – die Spiegelungen der Berge auf der Wasseroberfläche bewundern und geniessen. 700 m weiter bietet der Oberstockensee eine ähnliche Aussicht. Diese Route führt um ihn herum und von seiner Nordspitze ostwärts bergauf zum Berggasthaus Oberstockenalp und über Bergweiden weiter hinauf zur Bergstation am Stockhorn.

weitere Infos

Länge:	5.9 km
Aufstiege | Abstiege:	670 m | 160 m
Challenge:	niedrig
Dauer:	2 Std. 30 Min.
Adresse:	**Lenk-Simmental Tourismus AG** Rawilstrasse 3 3775 Lenk im Simmental
Telefon:	033 736 35 35
Internet:	www.lenk-simmental.ch

40

Wandern zu Berggewässern

berner oberland

Bergwanderung zum Gantrischseeli

Eingebettet in ein Moorschutzgebiet liegt auf 1578 m ü. M. das bezaubernde Gantrischseeli. Eine abwechslungsreiche Rundwanderung führt über weite Alpwiesen und auf abenteuerlichen Bergpfaden zu dem verwunschenen, kleinen Natursee und gibt interessante Einblicke in die einzigartige Landschaft des Naturparks Gantrisch.

Die Wanderung beginnt an der Bushaltestelle Gurnigel-Gantrischhütte und verläuft von dort im Uhrzeigersinn zunächst nordwärts in Richtung Wasserscheidi und nach einer scharfen Kehre beim Skilift wieder südwärts zum Berggasthof Obernünene. Wer mag, kann hier eine erste Pause zur Stärkung einlegen, bevor der steile Anstieg zum Leiterepass in Angriff genommen wird. Von dort geht es über einen aussichtsreichen Berggrat noch etwa 1.3 km weiter steil hinauf zum Schibespitz, dem höchsten Punkt der Tour auf 2060 m ü. M. Der Rundumblick von hier oben ist atemberaubend. Über den Morgetepass erfolgt nun der steile Abstieg hinunter zum malerischen Gantrischseeli. Rund um das flache Ufer verteilt gibt es

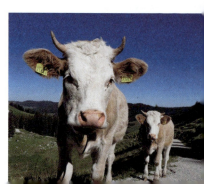

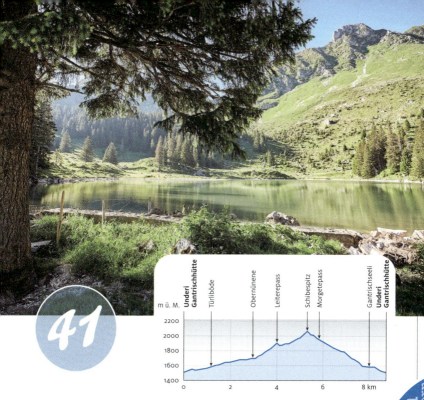

41

Wandern zu Berggewässern

viele idyllische Plätze, die zum Picknicken und Verweilen einladen. Die Möglichkeit zur Einkehr bietet die nur ein paar Schritte entfernte Birehütte auf dem letzten Wegstück zurück zum Ausgangspunkt.

weitere Infos

Länge:	9 km
Aufstiege | Abstiege:	650 m | 650 m
Challenge:	mittel
Dauer:	4 Std.
Adresse:	**Förderverein Region Gantrisch** | Naturpark Gantrisch | Schlossgasse 13 | 3150 Schwarzenburg
Telefon:	031 808 00 20
Internet:	www.gantrisch.ch

berner oberland

Nicht nur für Sherlock-Holmes-Fans: Mit der Standseilbahn zum Reichenbachfall

▶ Bei dieser Tour geht es zum wohl bekanntesten Wasserfall der Literatur: dem Reichenbachfall, von dem sich Sir Arthur Conan Doyle zu seiner Kriminalgeschichte inspirieren liess. Schon die Anreise zum Schauplatz des inszenierten Todes des berühmten Detektivs Sherlock Holmes startet spektakulär. Ausflügler können von Mai bis Oktober die aussergewöhnliche Reichenbachfall-Bahn, eine rote nostalgische Standseilbahn, von Willigen aus nutzen. In nur 7 Min. wird auf diese Weise eine Höhendifferenz von 244 m überwunden. Die Fahrt endet dann an der Bergstation „Reichenbachfall", in deren Nähe sich drei Aussichtsterrassen befinden.

Nachdem man ausgiebig den Blick auf das Haslital und den 120 m hohen, rauschenden Wasserfall genossen hat, kann die Wanderung beginnen, die neben diesen beiden Sehenswürdigkeiten eine weitere Sensation bereithält: die Aareschlucht.

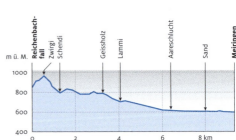

weitere Infos

Länge:	9.4 km
Aufstiege | Abstiege:	210 m | 460 m
Challenge:	niedrig
Dauer:	2 Std. 30 Min.
Adresse:	**Kraftwerke Oberhasli AG** | Grimselwelt | 3862 Innertkirchen
Telefon:	033 982 26 26
Internet:	www.grimselwelt.ch

Die gut ausgeschilderte Route führt von der Bergstation zu den verschiedenen Aussichtspunkten und weiter über Geissholz zur Aareschlucht, wo sich der Fluss tief in die Kalkfelsen gegraben hat. Für den Besuch der Schlucht und die Fahrt mit der Bergbahn sind Kombitickets verfügbar. Über mehrere Stege windet sich der Weg durch die imposante Klamm und anschliessend weiter nach Meiringen, wo die Wanderung endet.

42

Wandern zu Berggewässern

berner oberland

Eigerblick am Bachsee

▶ Ein Klassiker unter den Wanderungen im Berner Oberland ist die Panoramaroute vom First zum Bachsee. Der Blick auf das weltberühmte Dreigestirn Eiger, Mönch und Jungfrau ist auf dieser Route einfach atemberaubend. Eine schöne Variante führt hoch über Grindelwald von der Bergstation der Firstbahn zu dem verträumten, kleinen Bergsee, in dem sich bei Windstille die Gipfel spiegeln, und über Gassenboden und Oberläger zur Bussalp.

Zur Bergstation First gelangt man mit der Firstbahn ab Grindelwald Dorf. Dort folgt man den Wegweisern in Richtung Bachsee auf einem gut ausgebauten, breiten Wanderweg. Mit Blick auf die umliegenden Berge geht es den ersten Kilometer bergauf und dann auf flacher Strecke bis zum Bachsee, neben dem sich noch zwei weitere, kleinere Seelein befinden. Ein kleiner Pfad führt vom Wanderweg aus ein Stück nach links an den beiden Seen vorbei. Hier heisst es innehalten und den Blick auf die imposanten Berge zu geniessen, die rundum aufragen.

Direkt am Ufer des Bachsees geht es weiter und dann steil bergauf zum Gassenboden (2552 m), der höchsten Erhebung auf der Route. Der weitere Wegver-

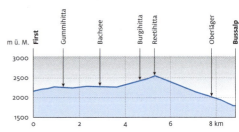

lauf führt über Oberläger steil bergab bis zur Bussalp, wo man schon von Weitem von dem Glockengeläut der weidenden Kühe und Ziegen empfangen wird. Wer mag, kann im hübschen Gasthaus einkehren, bevor es mit dem Postauto auf der kurvigen Strasse wieder hinunter nach Grindelwald geht.

weitere Infos

Länge:	8.8 km
Aufstiege | Abstiege:	470 m | 840 m
Challenge:	mittel
Dauer:	3 Std. 30 Min.
Adresse:	**Grindelwald Tourismus** | Dorfstrasse 110 | 3818 Grindelwald
Telefon:	033 854 12 12
Internet:	www.grindelwald.swiss

43

Wandern zu Berggewässern

berner oberland

An der Kander entlang zum Blausee

▶ Diese einfache Wanderung verläuft an der Kander entlang von Kandersteg zum Blausee, dessen magische Landschaft vor mehr als 10 000 Jahren durch einen gewaltigen Felssturz modelliert wurde. Der tiefblaue Bergsee liegt inmitten eines Waldes in einem verkehrsfreien, 20 ha grossen Naturpark und strahlt eine geradezu märchenhafte Atmosphäre aus. Pfade und Treppen erschliessen den See und seine unmittelbare, von knorrigen Bäumen, mächtigen Felsen und viel Moos geprägte Umgebung. Die Wassertemperatur des Sees beträgt das ganze Jahr über konstant 8 °C.

Das auffälligste Merkmal des Blausees ist seine Farbe, um deren Schönheit sich eine Legende rankt. Danach ist sein intensives Blau auf die Tränen einer Frau zurückzuführen, die ihren Geliebten in den Bergen verlor. Am See weinte sie um ihn, und die aus ihren blauen Augen strömenden Tränen verliehen dem Wasser seine einzigartige Färbung.

Rund um den See kann man sich vielen spannenden Aktivitäten widmen, z. B. ein

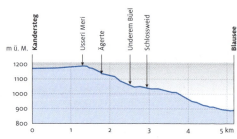

Boot mieten, die idyllischen Wege rund um den Blausee erkunden oder an einer der Grillstellen in der Umgebung ein Barbecue geniessen.

In direkter Nähe befindet sich die Haltestelle „Blausee BE", von der man mit dem Bus wieder zurück nach Kandersteg kommt. Alternativ nimmt man von hier den Bus nach Kandergrund. Wenn Sie die Wanderung verlängern möchten, können Sie dorthin aber auch weiterwandern.

weitere Infos

Länge:	5.2 km
Aufstiege | Abstiege:	50 m | 330 m
Challenge:	niedrig
Dauer:	1 Std. 30 Min.
Adresse:	**Tourist Center Kandersteg** | Äussere Dorfstrasse 26 | 3718 Kandersteg
Telefon:	033 675 80 80
Internet:	www.kandersteg.ch | www.blausee.ch

Wandern zu Berggewässern

berner oberland

Panorama-Tour am Oeschinensee

Der Oeschinensee oberhalb von Kandersteg zählt zum UNESCO-Weltnaturerbe und zu den schönsten Bergseen der Schweiz. Gespeist wird er von den Gletscherbächen der umliegenden Dreitausender: Blüemlisalphorn, Oeschinenhorn, Fründenhorn und Doldenhorn. Vor dieser einzigartigen Bergkulisse führt eine wunderbare Panoramawanderung an das Ufer des türkisblau funkelnden Sees, der zum Baden, Verweilen und Entspannen einlädt.

Der Rundweg beginnt an der Bergstation der Gondelbahn, die Kandersteg mit dem Oeschinensee verbindet. Dort folgt man zunächst der Wegweisung in Richtung Läger und nach etwa 1 km dem links abzweigenden Pfad, der in steilem Anstieg nach Heuberg führt. Durch kleine Waldabschnitte, über Wiesen und Geröllhalden, hin und wieder Bergbäche querend erreichen Sie mit traumhaften Ausblicken auf den Oeschinensee und die dahinter aufragenden Dreitausender den Heuberg. Hier lohnt es, eine Pause einzulegen, bevor Sie den letzten kurzen Anstieg in Angriff nehmen und anschliessend dem Weg hinunter zur bewirteten Alp Oberbärgli folgen, die sich in spektakulärer Lage unterhalb der Blüemlisalp-Gletscher befindet – und eine gute Möglichkeit zur Stärkung bietet.

45

Der nächste Abschnitt führt über einen steilen, aber gut gesicherten Pfad bergab zum Unterbärgli und via Holzbalme an das Ufer des Oeschinensees. Direkt am Seeufer entlang geht es nun weiter bis zum Berghotel & Berghaus Oeschinensee und von dort nochmals auf leicht ansteigendem Weg wieder zurück zum Ausgangspunkt.

weitere Infos

Länge:	8.5 km
Aufstiege Abstiege:	530 m 530 m
Challenge:	mittel
Dauer:	3 Std. 30 Min.
Adresse:	**Tourist Center Kandersteg** Äussere Dorfstrasse 26 3718 Kandersteg
Telefon:	033 675 80 80
Internet:	www.kandersteg.ch

Wandern zu Berggewässern

berner oberland

Auf dem Saumpfad zu den Engstligenfällen

▶ Die Engstligenalp – eines der grössten Hochtäler der Schweiz – lockt mit einer atemberaubenden Natur, spektakulären Wasserfällen und zahlreichen Wandermöglichkeiten. Eine attraktive Wanderung führt von der Talstation Unter dem Birg an beiden Wasserfällen vorbei zur Engstligenalp und gibt faszinierende Einblicke in die malerische, von Wasserläufen, Felsen und Wiesen geprägte Landschaft dieses einzigartigen Naturschutzgebiets.

Die Wanderung startet an der Talstation der Luftseilbahn, die von Unter dem Birg zur Engstligenalp hinaufführt und mit dem Postauto ab Adelboden erreichbar ist. Hier stehen auch ausreichend Parkplätze zur Verfügung.

Dem alten Saumpfad folgend, geht es zunächst in leichter Steigung bergan. An Brätelstellen vorbei gelangt man schon bald (gut 1 km) zum ersten Highlight, dem Unteren Engstligenfall, der tosend die Felswände hinunterstürzt. Hier lohnt ein

46

weitere Infos

Länge:	3.2 km
Aufstiege / Abstiege:	590 m / 30 m
Challenge:	niedrig
Dauer:	1 Std. 30 Min.
Adresse:	**Bergbahnen Engstligenalp AG** / Unter dem Birg / 3715 Adelboden
Telefon:	033 673 32 70
Internet:	www.engstligenalp.ch

kurzer Abstecher zur ausgewiesenen Aussichtsplattform, von der man einen imposanten Blick auf das gewaltige Naturschauspiel geniesst. Dem alten Saumpfad folgend, den auch die Ziegen und Kühe mit ihren Sennen jeweils zum Alpaufzug und Alpabzug bewältigen, geht es weiter zum Oberen Wasserfall. Die erfrischende Gischt der stiebenden Wassermassen und das atemberaubende Panorama laden nochmals zu einer Pause ein, bevor die letzte, gemütliche Etappe über blühende Alpwiesen bis zum Ziel an der Bergstation unter die Füsse genommen wird. Von hier geht es bequem mit der Seilbahn wieder hinunter zum Ausgangspunkt.

Wandern zu Berggewässern

berner oberland

Wasserfall-Wanderung zum Iffigfall

▶ Kraftvoll, gigantisch und wunderschön: Der Iffigfall beeindruckt alle, die sich in diese fast unberührte Natur begeben. Die Wanderung führt dabei von Lenk im Simmental zur Iffigenalp mit dem Wasserfall.

Ausgangspunkt der Tour ist der Bahnhof in Lenk. An der Simme entlang führt der Weg flach über den Simmedamm zunächst vorbei am KUSPO, dem Kurs- und Sportzentrum, weiter durch Rothenbach hindurch. Etwa 300 m hinter der Ortschaft spannt sich eine Brücke über die Simme, die man überquert. Dann geht es am anderen Flussufer „zurück" und durch ein Wäldchen zum tosenden Iffigbach. Dort angekommen führt der Weg nach wenigen hundert Metern links steiler bergauf durch einen Wald hindurch über die lichte Hügelspitze der Teufebode. Von dort geht es erneut in Richtung des rauschenden Iffigbachs vorbei an Färiche durch das beschauliche Blatti hindurch und weiter dem Bachlauf folgend bis zum absoluten Highlight, dem Iffigfall. Der beeindruckende

Wasserfall zählt zu den schönsten in der Schweiz, das Wasser gischtet rund 100 m in die Tiefe.

Vom Iffigfall folgt man dem Weg bergauf, an dem wilden Bachlauf entlang, zur Iffigenalp. Die letzten 700 m verlaufen auf der SchweizMobil-Route 316. Am Zielort befindet sich die Postautohaltestelle Lenk, Iffigenalp. Von dort aus geht's bequem zum Ausgangspunkt – nochmals mit schönem Blick auf den faszinierenden Wasserfall!

weitere Infos

Länge:	10.1 km
Aufstiege | Abstiege:	570 m | 70 m
Challenge:	mittel
Dauer:	3 Std.
Adresse:	**Lenk-Simmental Tourismus AG** Rawilstrasse 3 3775 Lenk im Simmental
Telefon:	033 736 35 35
Internet:	www.lenk-simmental.ch

Wandern zu Berggewässern

berner oberland

Über die Höji Wispile nach Lauenen

▶ Diese wunderbare Panoramawanderung führt vom Berghaus Höhi Wispile zum Louwenesee mitten in den Berner Alpen und in das schöne Lauenen.

Startpunkt ist die Bergbahn in Gstaad. Dort gibt es einen Parkplatz sowie eine Postautohaltestelle. Nach einer entspannten Fahrt mit der Bahn zum Berghaus Höhi Wispile hinauf, welches die kleinen Gäste mit einem Streichelzoo begeistert, folgt man der SchweizMobil-Route 307. Entlang des Bergkamms geniesst man nun stetig bergab laufend das herrliche Panorama.

Nach etwa 2 km überschreitet man die Höji Wispile und kommt an einzelnen Häusern und einem Tümpel vorbei. Weitere 2 km später hält man sich auf der Route 307 rechts und wandert in einem sanft ansteigenden Bogen zum Chrine hinauf.

Weiter geht's auf einem Pfad über das Sodersegg und das Spitzi Egg zum idyllischen Louwenesee. Wer eine Pause braucht, ist im Restaurant Lauenensee genau richtig. Alternativ bietet sich das hübsche Seeufer für ein Picknick an.

Dann folgt – weiter der SchweizMobil-Route 307 folgend – die zweite Etappe

dieser Wanderung. Der teilweise schmale Pfad führt durch den Wald bergab bis zum Louwibach. Unten angelangt bleibt der Weg nun flach und verläuft weiter meist am Wasser entlang bis nach Lauenen b. Gstaad. Auf den letzten 2 km verlässt man den Schatten der Bäume und wandert über weite Wiesen bis Lauenen, wo man die Postautohaltestelle Geltenhorn erreicht. Mit dem Bus geht es dann zurück nach Gstaad.

weitere Infos

Länge:	13.9 km
Aufstiege | Abstiege:	280 m | 950 m
Challenge:	mittel
Dauer:	4 Std. 30 Min.
Adresse:	**Gstaad Saanenland Tourismus** | Promenade 41 | 3780 Gstaad
Telefon:	033 748 81 81
Internet:	www.gstaad.ch

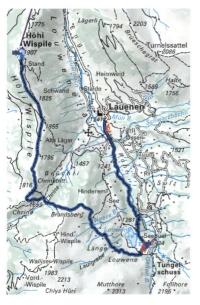

48

Wandern zu Berggewässern

berner oberland

Sommerwanderung am Brienzersee zu den Giessbachfällen

▶ Rauschende Wasserfälle, schattige Wälder und lauschige Picknickplätze am Seeufer: Diese abwechslungsreiche Wanderung am Brienzersee bietet sich besonders gut für heisse Sommertage an.

Los geht es an der Postautohaltestelle Dorfplatz in Isetwald, dem einzigen Dorf am linken Ufer des Brienzersees. Von dort wandert man direkt am Wasser entlang und geniesst immer wieder traumhafte

weitere Infos

Länge:	6.2 km
Aufstiege | Abstiege:	180 m | 100 m
Challenge:	niedrig
Dauer:	2 Std.
Adresse:	**Tourist Information Brienz** | Hauptstr. 143 | 3855 Brienz
Telefon:	033 952 80 80
Internet:	www.brienzersee.ch

Ausblicke über den See. Schon bald kommt kurz nach Iseltwald die Schneckeninsel in Sicht.

Nach etwa 5 km folgt ein Anstieg, der nach Giessbach hinaufführt. Dort lädt die historische Hotelresidenz, ein kleines Märchenschloss mit herrlichem Blick auf den See, zu einer kleinen Pause in einzigartigem und zugleich ungezwungenem Ambiente ein. Wanderer sind hier stets willkommen.

Anschliessend führt die Tour in mehreren Kehren hinauf zu den Giessbachfällen. Tosend rauscht hier das Wasser nach unten in die Schlucht, immer wieder fällt der Blick auf die weiss schäumenden Wasserfälle. Über 14 Stufen stürzen die Giessbachfälle in den Brienzersee hinab – ein eindrucksvolles Naturschauspiel! Der Rückweg führt entspannt mit der 1879 eröffneten, historischen Drahtseilbahn hinunter nach Giessbach und mit dem Kursschiff zurück nach Iseltwald.

49

Wandern zu Berggewässern

berner oberland

Von Gsteig auf den Sanetschpass

▶ Die erste der insgesamt drei Etappen des Sanetsch-Muveran-Weges führt von Gsteig im Berner Oberland auf den Col du Sanetsch. Der Sanetschpass, der das Rhônetal mit dem Saanenland verbindet, gehört zum Wallis.

Ausgangspunkt dieser mittelschweren Wanderung ist das hübsche Örtchen Gsteig, dessen Dorfkern zwei besondere historische Gebäude birgt, die einen kleinen Abstecher lohnen: Das Gasthaus Bären, das 1756 erbaut wurde, und die noch viel ältere Dorfkirche aus dem Jahr 1453.

Nach etwa 1.6 km über Wiesenpfade hat man die Wahl: Hinauf zum Sanetschsee gelangt man mit Blick auf den Sanetschfall entweder auf einem steilen Serpentinenweg zu Fuss oder – etwas schneller und kräfteschonender – mit der Sanetsch-Seilbahn. Ganz gleich für welche Variante man sich entscheidet – auf dem Hochplateau angekommen geniesst man das atemberau-

50

bende Panorama auf den Sanetschsee, der herrlich eingebettet zwischen Schluchhorn, Sanetschhorn, Arpelihorn und Arpelistock liegt. Von hier führt die Wanderung auf dem ehemaligen historischen Säumerpfad durch eine wild-romantische, vom Wasser zerfurchte Wiesenlandschaft hinauf zum Sanetschpass, einer jahrhundertealten Verbindung zwischen den Kantonen Bern und Wallis. In dieser von Wasser geprägten Region liegt auch das Quellgebiet der Saane (hier: Sarine), die über Gräben in den Stausee geleitet wird. Ein Stück unterhalb des Passes befindet sich das Hôtel du Sanetsch, welches eine wunderbare Aussicht auf die Walliser Alpen bietet.

Zurück zum Ausgangspunkt der Wanderung gelangt man mit dem Postauto, das bis zur Sanetsch-Seilbahn fährt. Mit der Seilbahn geht es dann bequem wieder hinunter ins Tal nach Gsteig.

weitere Infos

Länge:	12.5 km
Aufstiege Abstiege:	1070 m 200 m
Challenge:	mittel
Dauer:	5 Std.
Adresse:	**Tourismusbüro Gsteig** Gsteigstrasse 9 3785 Gsteig
Telefon:	033 748 82 75
Internet:	www.gsteig.ch

Wandern zu Berggewässern

berner oberland

Im Tal der 72 Wasserfälle

▶ Ein Naturschauspiel der ganz besonderen Art: Im Lauterbrunnental stürzen sich 72 Wasserfälle über schroffe Felskanten, die bis zu 400 m hoch sind. Wanderer werden auf dieser Tour von Lauterbrunnen nach Stechelberg vom ständigen Tosen und Rauschen des Wassers begleitet.

Die Tour startet am Bahnhof Lauterbrunnen, der mit der Bahn oder dem Postauto erreicht werden kann. Hinter dem Bahnhof befindet sich auch ein Parkhaus. Den Einstieg ins Lauterbrunnental markiert das stiebende Wasser des Staubbachfalls am Rand des Dorfes. Ab hier schlängelt sich der Weg durch das enge Tal, vorbei an romantischen Wasserfällen, die schon Goethe verzauberten. Auf halber Wegstrecke erreicht man das eigentliche Highlight, die Trümmelbachfälle. Diese stürzen sich in einer Klamm 140 m hinab und sind damit die grössten unterirdischen Wasserfälle Europas – über zehn Kaskaden suchen sie ihren Weg in die Tiefe. Über einen Lift sowie Treppen, Galerien und Plattformen kann man dieses faszinierende Naturschauspiel hautnah erleben. Die gigantischen Schmelzwassermassen des Jungfraugletschers schiessen hier mit bis zu 20 000 l pro Sekunde ins Tal. Das Wasser reisst jedes Jahr über 20 000 t Geröll mit sich und bringt den ganzen Berg zum „Trommeln".

Vom Trümmelbachfall folgt man der Beschilderung zum Mürrenbachfall, dem höchsten Wasserfall der Schweiz. Weiter geht es dann auf der letzten Etappe am Lauf der Weissen Lütschine entlang, bis man schliesslich das verträumte Örtchen Stechelberg erreicht.

weitere Infos

Länge:	7.4 km
Aufstiege / Abstiege:	120 m / 10 m
Challenge:	niedrig
Dauer:	1 Std. 45 Min.
Adresse:	**Lauterbrunnen Tourismus** Stutzli 460 3822 Lauterbrunnen
Telefon:	033 856 85 68
Internet:	www.lauterbrunnen.swiss

Wandern zu Berggewässern

Von hier kommt man mit dem Postauto (Stechelberg, Post) wieder zurück nach Lauterbrunnen.

westschweiz

Delémont

Grenchen

55

53

57

Westschweiz

Grenzwanderung am Lac des Taillères

▶ Wer wollte nicht schon immer mal das berüchtigte Hochtal von la Brévine ganz am äussersten Rand der Schweiz kennenlernen, das mit -41.8 °C den Kälterekord der Schweiz hält? Doch keine Sorge, von Frühling bis Herbst lässt es sich hier durch friedliche Landschaften wunderbar wandern.

Der Startpunkt dieser Tour liegt in dem hübschen Ort La Brévine, wo Sie die 1604 erbaute Kirche besichtigen können, bevor Sie die Stadt in südwestlicher Richtung verlassen. Vorbei an grasendem Vieh, Bauernhöfen und durch duftende Tannenwälder erreichen Sie nach einem kurzen Abstieg das Ufer des tiefblauen Lac des Taillères. Im Winter läuft man hier Schlittschuh, im Sommer ist er ein idealer Ort zum Schwimmen und Segeln. Dieser langgestreckte, malerische See hat keinen sichtbaren Zu- und Abfluss, hauptsächlich wird er von Regenwasser

gespeist. Gemächlich windet sich der Wanderpfad entlang des Sees, der im Sommer zu einem kühlen Bad einlädt – wer ist so mutig?

Nachdem Sie den See hinter sich gelassen haben, wandern Sie weiter über Bas de la Charrière durch den Wald hinauf in Richtung Grotte de la Baume und dann wieder hinab über Les Bayards in das Örtchen Les Verrières.

Gastfreundschaft wird hier im Tal übrigens gross geschrieben, kehren Sie also unbedingt irgendwo ein und kosten Sie den nach Wildblumen duftenden Käse, den Enzianbrand oder den berühmten Absinth der Gegend. Mit dem Postauto geht's über Fleurier zurück nach La Brévine.

52

Wandern zu Berggewässern

weitere Infos

Länge:	16.5 km
Aufstiege | Abstiege:	360 m | 470 m
Challenge:	mittel
Dauer:	4 Std. 30 Min.
Adresse:	**Tourisme neuchâtelois – Montagnes** | Espacité 1 | 2300 La Chaux-de-Fonds
Telefon:	032 889 68 95
Internet:	www.j3l.ch

Westschweiz

Rund um den Lac de Lessoc

▶ Der 4 km lange Rundweg am Lac de Lessoc (auch Lac de Montbovon genannt) ist reich an Naturschönheiten und Geschichte. In nur einer Stunde führt er durch Wälder, über Wiesen und an einem bezaubernden Alpensee vorbei – mit herrlichem Blick auf die Berge.

Der Weg beginnt am Bahnhof von Montbovon und folgt zunächst der SchweizMobil-Route 273. Schon nach 300 m erwartet Sie die erste Attraktion dieser Tour, die 1897 geweihte neuromanische Kirche Saint Grat. Wenig später erreichen Sie das Seeufer, wandern auf dessen Westseite nordwärts und passieren den Zufluss des L'Hongrin. Bis zum Pont de Lessoc, einer beeindruckenden gedeckten Eichenholzbrücke aus dem 17. Jh., sind es nun nur noch 300 m. Geniessen Sie hier den Blick zurück auf den See und dahinter den Dent de Corjon! Von der Brücke aus folgen Sie für weitere 400 m der SchweizMobil-Route. Dann verlassen Sie diese südwärts und wandern zurück zum See. An dessen Ostufer geht's dann zurück zum Ausgangspunkt.

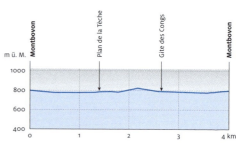

weitere Infos

Länge:	4 km
Aufstiege | Abstiege:	130 m | 130 m
Challenge:	niedrig
Dauer:	1 Std. 15 Min.
Adresse:	**La Gruyère Tourisme** | Place de la Gare 3 | 1630 Bulle
Telefon:	026 919 85 00
Internet:	www.fribourg.ch/de/la-gruyere

53

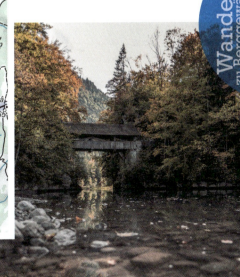

Wandern zu Berggewässern

Westschweiz

Seen-Hopping am Col de la Croix

▶ Diese Rundwanderung in der Waadt führt von Bretaye (oberhalb von Villars-sur-Ollon) vorbei an imposanten Felsformationen und zu nicht weniger als vier idyllischen Bergseen. Es lohnt sich, etwas früher aufzustehen, denn der Ort ist von Wanderern gut besucht. Auf dem Parkplatz „Col de la Croix" können Sie Ihr Auto abstellen.

Von der Bergstation wandern Sie zum Col de Bretaye hinab. Nordwärts folgen Sie der SchweizMobil-Route 46, biegen aber schon nach 200 m westwärts von ihr ab zum Lac de Bretaye und umrunden dieses inmitten von grünen Wäldern und Weiden liegende Juwel. Von dort führt der Weg zum westlich gelegenen Lac Noir hinunter, der, sobald man die

dortige Liftstation hinter sich gelassen hat, ebenfalls ein idyllisches Bild abgibt. 500 m weiter nördlich liegt in sumpfiger Umgebung der Lac de l'Entonnoir – diese Route führt an seinem Ost-, Nord- und Westufer entlang zum Lac des Chavonnes. Hier bietet sich in dem kleinen Restaurant am See eine Möglichkeit zur bequemen Rast. Wer mag, fährt im Tretboot auf den See hinaus, auch Baden ist erlaubt – im Sommer ist das Wasser über 20 °C warm.

Danach geht's ost- und dann südwärts auf der SchweizMobil-Route 46 weiter, ehe Sie nach insgesamt gut 5 km westwärts von ihr auf die Route des Chavonnes abbiegen. Ihr folgen Sie über Weiden und durch lichten Wald in leichtem Auf und Ab zurück zum Lac de Bretaye. Von dort haben Sie noch einen Aufstieg von 180 m bis zum Ausgangspunkt der Tour am Roc d'Orsay vor sich.

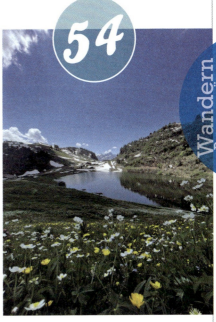

weitere Infos

Länge:	9 km
Aufstiege | Abstiege:	430 m | 430 m
Challenge:	niedrig
Dauer:	3 Std.
Adresse:	**Office du Tourisme de Villars** | Avenue Centrale 140 | 1884 Villars-sur-Ollon
Telefon:	024 495 32 32
Internet:	www.alpesvaudoises.ch

Westschweiz

Wilde Natur oberhalb des Schwarzsees

▶ Unberührt und verwunschen – der Breccaschlund, den diese Route an seinem nordöstlichen Rand durchquert, verspricht ein Naturerlebnis mit einheimischen Tieren und Alpenblumen. Die mysteriöse, von Gletschern geformte Landschaft befindet sich oberhalb des dunklen Schwarzsees, der – wenn man die Sesselbahnfahrt zur Riggisalp einrechnet – Start- und Endpunkt dieser Tour ist. Ob Sie dieses Bergsee-Juwel vor oder nach Ihrer Wanderung erkunden und geniessen, können Sie also oben am Berg entscheiden.

Von der Riggisalp führt der Weg (SchweizMobil-Route 267) auf von nur wenigen Auf- und Abstiegen geprägten 10 km zunächst zur Alp Untere Euschels, weiter zum Stierenberg und zur Rippetli. Dann geht es abwärts hinein in den Breccaschlund; diese Route durchquert ihn an seiner Nordseite.

55

Wandern zu Berggewässern

Vorbei an der Alp Antoni Brecca beginnt schliesslich der Abstieg zur Unteri Rippa und weiter hinunter zum Schwarzsee, dem Zielpunkt der Bergtour.

Wer am Schwarzsee angekommen ist und noch Kraft und Lust für eine weitere Wanderung hat, kann zusätzlich auf dem 1.5 Stunden dauernden „Häxewääg" um den oft warmen See herumlaufen. Auf der Familientour taucht man spielerisch in die sieben Sagen und Märchen aus dem Schwarzsee-Senseland ein.

weitere Infos

Länge:	10 km
Aufstiege │ Abstiege:	230 m │ 670 m
Challenge:	mittel
Dauer:	3 Std. 30 Min.
Adresse:	**Schwarzsee Tourismus** │ Schwarzseestrasse 212 │ 1716 Schwarzsee
Telefon:	026 412 13 13
Internet:	www.schwarzsee.ch

Westschweiz

Auf dem Weg der Wasserfälle

▶ Attraktive Wasserfälle und plätschernde Bäche begleiten Sie auf dem genialen Wanderweg zwischen Romainmôtier und La Sarraz. Doch zunächst lohnt ein kurzer Rundgang durch das mittelalterliche Städtchen mit seiner berühmten Klosterkirche. Dann verlassen Sie Romainmôtier und folgen dem Canal du Nozon nach Croy. Südlich des Ortszentrums biegt die Route (SchweizMobil 124) zum Nozon hin ab. Am zunehmend schäumendem Wasser tauchen Sie ein in eine traumhafte Landschaft und erreichen bereits nach gut 2 km die Cascade du Dard. Schäumendes Wasser, moosbedeckte Felsen, inmitten von üppigem Grün – einfach wunderbar! Aber Vorsicht: Bei Regen können die Wege und Stufen hier recht rutschig sein.

1 km weiter biegt die Route mitten in einem Waldstück scharf nach Norden ab und es folgt ein Aufstieg von rund 100 m auf etwa 1 km. Sobald Sie den Waldrand erreichen, weitet sich der Blick, in der Ferne schimmert ein See – wunderschön! Nun geht's südwärts weiter zurück zum quirligen Fluss und über diesen hinweg. Bei Streckenkilometer 7 bie-

gen Sie westwärts Richtung Ferreyres ab, etwa 1 km weiter verlassen Sie die SchweizMobil-Route südwärts und erreichen bald den kleinen Ort Ferreyres.

Sie steigen ins Tal des Le Croset hinab, folgen dessen Lauf an seinem Südufer ostwärts mit dem beeindruckenden Wasserfall Tine de Conflens, dem nächsten Highlight dieser Tour, wo sich die Wasser der Flüsse Veyron und Venoge vereinen.

Die letzte Etappe führt Sie weiter am Fluss entlang nach La Sarraz. Im hoch auf einem Felsgrat gelegenen Städtchen mit mittelalterlicher Burg und Pferdemuseum können Sie das Wandererlebnis nun gemütlich ausklingen lassen. Mit Postauto oder Bahn reisen Sie weiter.

weitere Infos

Länge:	13.3 km
Aufstiege | Abstiege:	340 m | 510 m
Challenge:	mittel
Dauer:	4 Std.
Adresse:	**Morges Région Tourisme** | Rue du Rue du Château 2 | 1110 Morges 1
Telefon:	021 801 32 33
Internet:	www.morges-tourisme.ch

Wandern zu Berggewässern

Westschweiz

Zur Cascade du Dar und zum Lac Retaud

▶ Diese 13 km lange Rundwanderung beginnt und endet am Bahnhof in Les Diablerets im Kanton Waadt. Dort startet auch die SchweizMobil-Route 46, die südwärts am Ufer des Flusses La Grande Eau aus dem Ort hinausführt.

Auf mehr oder weniger stetig steigendem Weg folgt man ihr durch Wäldchen und über Weiden ostwärts, bis nach 4.2 km das erste grosse Highlight erreicht ist – die Cascade du Dar: Südlich vom Weg stürzt hier der Bergbach Dar aus grosser Höhe zu Tal.

Wenn man sich von dem Anblick losgerissen hat, geht's wie schon bisher meist über Weiden und durch lichte Wälder zum Col du Pillon und dann in nordwestlicher Richtung zum von Alpweiden und Nadelbäumen umgebenen Lac Retaud (1685 m ü. M.), der kristallklar vor der

Kulisse der Diablerets-Gletscher, von Sex Rouge und Oldenhorn liegt. Die grössten Anstrengungen der Tour liegen nun hinter Ihnen, es ist nur noch etwa 1 km weit bis zu ihrem höchsten Punkt. Ein guter Platz also für eine Pause am Seeufer!

Diese Tour umrundet den See nicht ganz, an seiner Nordwestseite führt der Weg vom Ufer weg nordwestlich nach La Marnèche. Kurz davor erreichen Sie auf 1784 m ü. M. den „Gipfel" dieser Tour – mit herrlicher Aussicht auf das Tal Les Ormonts. Wenig später verlassen Sie die Schweiz-Mobil-Route ostwärts und wandern über Weiden und durch Wälder – zunächst vorwiegend west-, dann südwärts – bergab nach Les Diablerets zurück.

weitere Infos

Länge:	13.2 km
Aufstiege | Abstiege:	680 m | 680 m
Challenge:	mittel
Dauer:	5 Std.
Adresse:	**Office du Tourisme de Villars** | Avenue Centrale 140 | 1884 Villars-sur-Ollon
Telefon:	024 495 32 32
Internet:	www.villars-diablerets.ch

Wandern zu Berggewässern

Wallis

Wanderung zum Lac de Taney

▶ Oberhalb des Rhonetals, umrahmt von blühenden Alpwiesen, Tannenwäldern und den markanten Zwillingsgipfeln der Jumelles, dem Grammont und dem Col de Taney, verbirgt sich der tiefblaue Lac de Taney. Eine schöne Wanderung führt hinauf in dieses einzigartige, geschützte Naturreservat, das für seine artenreiche Flora und Fauna bekannt ist.

Das kleine Dorf Miex, in dem die Tour startet, kann ab Vouvry bequem mit dem Postauto erreicht werden. Von der Dorfmitte führt die Route zunächst ein kurzes Stück an der Hauptstrasse entlang und zweigt nach etwa 400 m rechts ab. Nun folgt ein steiler Anstieg durch den Wald hinauf zur Alp Prélagine. Hat man die Maiensäss-Hütten erreicht, ist die anstrengendste Passage geschafft, und es geht nur noch ein kurzes Stück über duftende

58

Blumenwiesen bergauf bis zum höchsten Punkt der Wanderung auf 1500 m ü. M.

Mit wunderbaren Fernblicken auf das Rhonetal und den Genfersee folgt man nun dem Weg hinunter zum Lac de Taney.

weitere Infos

Länge:	8.7 km
Aufstiege | Abstiege:	630 m | 570 m
Challenge:	mittel
Dauer:	3 Std. 30 Min.
Adresse:	**Valais/Wallis Promotion** | Avenue de Tourbillon 11 | 1951 Sion
Telefon:	027 327 36 00
Internet:	www.valais.ch

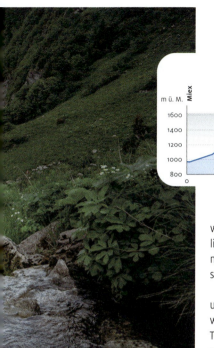

Zunächst ein Stück oberhalb des Sees und dann direkt am Nordufer entlang geht es weiter nach Taney, einem malerischen Alpdorf, das im Sommer zum Leben erwacht und vielfältige Verpflegungsmöglichkeiten bietet. Wenn Ihnen das Wasser nicht zu kalt ist, können Sie auch ein erfrischendes Bad nehmen.

Anschliessend führt der Weg am Westufer entlang und zweigt dann vom See weg nach rechts ab in Richtung Col de Taney. Von dort geht es auf steilem Zickzack-Kurs durch den Wald hinunter ins Tal. Auch auf dieser letzten Etappe schweift der Blick immer wieder über das Rhonetal, den Genfersee und die Gipfel des Chablais. Von Le Flon, dem Ziel der Wanderung, fährt das Postauto wieder zurück nach Vouvry.

Wandern zu Berggewässern

Wallis

Rundwanderung um den Lac de Moiry

▶ Eingebettet in die dramatische Landschaft des Val de Moiry liegt der gleichnamige Stausee auf einer Höhe von 2250 m ü. M. Oberhalb des Sees verläuft ein spektakulärer Panoramarundweg mit Blick auf die hochalpine Bergwelt, den imposanten Moiry-Gletscher und das türkisblau funkelnde Wasser.

Zum Startpunkt der Wanderung, der Haltestelle Barrage de Moiry an der Staumauer, gelangt man mit dem Bus ab Grimentz. Von dort geht es in östliche Richtung steil den Berg hinauf und dann zunächst noch weiter bergauf und später in wechselndem Auf und Ab an der Ostseite des Sees entlang bis zum südlichen Ende. Nachdem man die Alpweiden von Fêta d'Août de Châteaupré passiert hat, folgt ein steiler Abstieg hinunter zu dem kleinen Gletschersee Lac de Châteaupré, der von dem Bergbach La Gougra durchflossen wird, welcher das abfliessende Wasser des Moiry-Gletschers in den Stausee führt.

59

Der weitere Wegverlauf führt über den Bach in steilem Anstieg die Gletschermoräne hinauf und dann auf 2500 m Höhe an der Westflanke des Stausees entlang. Auf dieser Etappe kommt man an zwei weiteren winzigen Bergseen – dem Lac de la Bayenna und dem Lac du Louché – vorbei, die mit traumhaften Ausblicken zum Verweilen einladen. Der letzte Wegabschnitt führt bergab und über die imposante Staumauer wieder zurück zur Bushaltestelle. Das Restaurant am Staudamm bietet sich mit einer schönen Panoramaterrasse zur Einkehr an, bevor man die Rückfahrt antritt.

weitere Infos

Länge:	13.5 km
Aufstiege | Abstiege:	770 m | 770 m
Challenge:	mittel
Dauer:	5 Std.
Adresse:	**Valais/Wallis Promotion** | Avenue de Tourbillon 11 | 1951 Sion
Telefon:	027 327 36 00
Internet:	www.valais.ch

Wandern zu Berggewässern

Wallis

Fünf-Seen-Wanderung durch die Gletscherlandschaft über Zermatt

▶ Ein Klassiker und zugleich eine der schönsten Wanderungen in der Umgebung von Zermatt ist der Fünf-Seen-Rundweg, der durch eine abwechslungsreiche, hochalpine Bergwelt führt und spektakuläre Blicke auf das Matterhorn und die weiteren umliegenden Viertausender bietet.

Von Zermatt geht es mit der Sunnegga-Standseilbahn hinauf zur Bergstation Sunnegga und anschliessend mit der Gondelbahn noch ein Stück weiter hinauf zur Bergstation Blauherd, wo die Wanderung startet. Das erste Wegstück verläuft in leichtem Bergab zum Stellisee, dem grössten der fünf Seen, auf dessen Wasseroberfläche sich bei windstillem, sonnigem Wetter das Matterhorn spiegelt. Aus der Talmulde heraus bergauf und dann in einer Kehre wieder bergab geht es weiter zum winzigen Grindjesee, der in eine fast surreal wirkende, blumenreiche Hochmoorlandschaft am Rand der Findelgletschermoräne eingebettet ist.

60

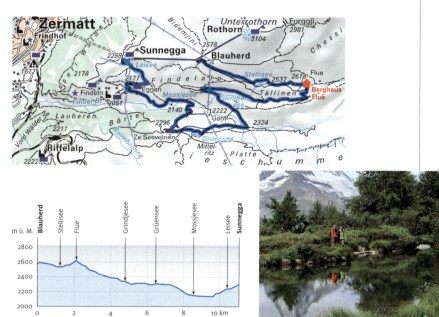

Auf der nächsten Etappe zum Grüensee wandern Sie noch ein Stück weiter bergab durch ehemaliges Gletschergebiet, überqueren einen Bach und gelangen dann auf der anderen Talseite zum idyllisch gelegenen Grüensee. Am Seeufer geniessen Sie einen herrlichen Blick auf das Matterhorn, und nur ein paar Schritte entfernt lädt die urige Mountain Lodge „Ze Seewjinu" zu einer aussichtsreichen, kulinarischen Pause ein.

Gestärkt geht es im Zickzack in eine Talsenke hinunter und über den Findelbach zum milchig-türkis leuchtenden Mossjesee, der von den Gletscherbächen gespeist wird. In der Senke folgt man dem Weg in Richtung Findeln und nimmt dann den Abzweig nach rechts, der zum Leisee hinaufführt. Hier kann man noch eine kleine Badepause einlegen, bevor man die Station der Sunnegga-Bahn erreicht, die einen wieder nach Zermatt bringt.

weitere Infos

Länge:	11 km
Aufstiege | Abstiege:	330 m | 620 m
Challenge:	mittel
Dauer:	3 Std. 30 Min.
Adresse:	**Zermatt Tourismus** | Bahnhofplatz 5 | 3920 Zermatt
Telefon:	027 966 81 00
Internet:	www.zermatt.ch

Wandern zu Berggewässern

Wallis

Vom Lac de Godey zum Lac de Derborence

▶ Nach zwei gewaltigen Bergstürzen im 18. Jh. entstand im Tal der Lizerne der Lac de Derborence. Der Talkessel ist heute ein faszinierendes Naturschutzgebiet mit einer artenreichen Flora und Fauna. Eine einfache Wanderung führt von der Staumauer des Lac de Godey zu dem unberührten Bergsee am Ende des Tals, der von urwaldartiger Natur umgeben ist. Nicht selten kann man unterwegs Wildtiere in ihrem natürlichen Lebensraum beobachten, darunter die seltenen Steinadler und Bartgeier sowie Gämsen, Steinböcke, Murmeltiere und Luchse.

Von dem Dorf Ardon, das am Taleingang liegt, besteht die einzige Zufahrt nach Derborence. Die spektakuläre Strasse windet sich in engen Kurven an den

weitere Infos

Länge:	6 km
Aufstiege | Abstiege:	340 m | 220 m
Challenge:	mittel
Dauer:	2 Std.
Adresse:	**Valais/Wallis Promotion**
	Avenue de Tourbillon 11
	1951 Sion
Telefon:	027 327 36 00
Internet:	www.valais.ch

61

Schluchten der Lizerne entlang bis ans Ende des Tals. Die Wanderung beginnt an der Bushaltestelle „Godey" und führt an der Kapelle vorbei bergauf zur Staumauer des Lac de Godey. Nachdem man den Damm passiert hat, geht es am anderen Ende nochmals ein Stück den Hang hinauf und dann nach einer scharfen Kehre in Richtung Lui d'en Bas. In leichtem Auf und Ab wandert man weiter oberhalb des Talkessels. Nachdem der Bergbach Le Pechot überquert ist, gelangt man schon bald nach La Combe d'en Haut, quert nochmals einen Bach und läuft dann über das Geröll des Bergsturzes bergab, bis man auf die Strasse trifft.

Geradeaus führt die Route weiter und zweigt nach ca. 300 m links ab, um den Lac de Derborence im Uhrzeigersinn zu umrunden. Durch märchenhafte Föhrenwälder und über blühende Wiesen geht es einmal um den See und dann zur Strasse zurück. Hier kann man an der Haltestelle Derborence das Postauto zurück nach Ardon nehmen.

Wandern zu Berggewässern

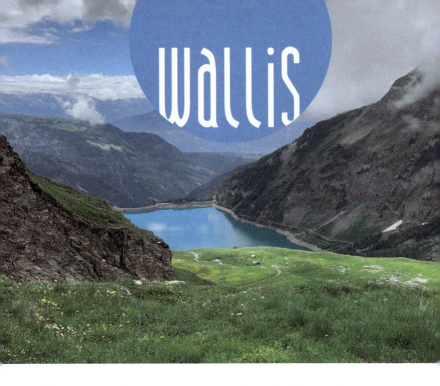

Wallis

Rundwanderung um den Lac de Tzeuzier

▶ Die Umrundung des Lac de Tzeuzier ist ein Highlight für Naturfreunde. Auf dem ebenso abwechslungs- wie aussichtsreichen Weg durch die idyllische Bilderbuchlandschaft rund um den See ist das Thema Wasser allgegenwärtig. Sprudelnde Gebirgsbäche, rauschende Wasserfälle, eine typische Walliser Suone und der traumhafte Blick auf den blaugrün schimmernden See machen die einzigartige Wanderung zu einem Naturerlebnis der Extraklasse.

Die Anfahrt hinauf zum Stausee erfolgt mit dem Postauto ab Anzère. Startpunkt der Tour ist die Haltestelle Anzère-Barrage de Tzeuzier direkt an der Staumauer. Wer mit dem eigenen Fahrzeug anreist, findet hier auch Parkplätze.

Die Wanderung verläuft über den Damm und gegen den Uhrzeigersinn auf

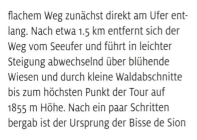

flachem Weg zunächst direkt am Ufer entlang. Nach etwa 1.5 km entfernt sich der Weg vom Seeufer und führt in leichter Steigung abwechselnd über blühende Wiesen und durch kleine Waldabschnitte bis zum höchsten Punkt der Tour auf 1855 m Höhe. Nach ein paar Schritten bergab ist der Ursprung der Bisse de Sion nahe der spektakulären Quelle der Lienne erreicht. Dort quert man eine Suone, ein historischer Bewässerungskanal der Rebhänge, welche über den Wildbach von Lourantze geleitet wird und dann weiter am Seeufer entlang verläuft, bis sie in einem Tunnelsystem verschwindet.

Über blühende Alpwiesen gelangt man zu dem kleinen Rasthaus Gîte de Lourantze. Hier kann man eine Pause einlegen, bevor man die Wanderung am Seeufer entlang fortsetzt. Bei traumhaften Ausblicken auf den See erreicht man schon bald den Ausgangspunkt der Tour an der Staumauer.

Wandern zu Berggewässern

62

weitere Infos

Länge:	4.9 km
Aufstiege | Abstiege:	150 m | 150 m
Challenge:	niedrig
Dauer:	1 Std. 30 Min.
Adresse:	**Crans-Montana Tourisme & Congrès** Route des Arolles 4 3963 Crans-Montana
Telefon:	Tel. 027 485 04 90
Internet:	www.crans-montana.ch

Wallis

Energie tanken am stillen Daubensee

▶ Über dem nördlich des Gemmipasses auf 2200 m ü. M. gelegenen Daubensee liegt ein besonderer Zauber. Für viele ist er ein Kraftort, und Ruhesuchende sind hier genau richtig. Der stille, in eine schroffe Felslandschaft eingebettete Natursee kann auf einer einfachen, zweistündigen Wanderung umrundet werden.

Die Gemmibahn führt von Leukerbad hinauf zum Gemmipass. Wer den steilen Abstieg zum See nicht zu Fuss gehen möchte, gelangt mit der im Jahr 2003 erbauten Pendelbahn in nur zwei Minuten hinunter an das südliche Ende des Sees. Wir geniessen die Aussicht vom Gemmipass und steigen ab zum Startpunkt der Daubenseerunde, die in beide Richtungen begangen werden kann. Der Weg verläuft gegen den Uhrzeigersinn am grünen Ostufer entlang zu Füssen des markanten Rinderhorns. Hier lohnt es sich, immer wieder innezuhalten und den Blick schweifen zu lassen. Nach etwa 2 km

ist die erste nördliche Spitze des Sees erreicht, man folgt dem Weg direkt am Wasser, umrundet die zweite Spitze und wandert dann auf der felsigen Westseite mit Blick auf das Rinderhorn zurück zur Station der Pendelbahn.

Ein besonderes Flair bietet der Daubensee alljährlich im Juli, wenn hier das Schäferfest stattfindet, ein Spektakel, bei dem die Walliser und Berner Hirten und Bauern ihre Freundschaft feiern und ihre Schafe mit „Gläck" – einer Mischung aus Salz und Kleie – hinunter zum See locken.

weitere Infos

Länge:	5.7 km
Aufstiege Abstiege:	130 m 260 m
Challenge:	niedrig
Dauer:	1 Std. 30 Min.
Adresse:	**My Leukerbad AG** Rathaus 3954 Leukerbad
Telefon:	027 472 71 71
Internet:	www.leukerbad.ch

63

Wandern zu Berggewässern

Wallis

Vom Riffelberg zum Gornergrat

▶ Auf dieser spektakulären Wanderung vom Riffelberg zum Gornergrat warten kleine Bergseen und jede Menge Postkartenmotive sowie atemberaubende Ausblicke auf das Matterhorn, den Gornergletscher und die mächtigen Berggipfel des Wallis.

Zum Ausgangspunkt der Tour an der Bahnstation Riffelberg gelangt man ab Zermatt mit der Gornergratbahn. Dort wählt man den westlichsten und am wenigsten frequentierten Weg via Gagenhaupt in Richtung Riffelsee. Auf Wiesenpfaden über duftende Alpweisen gelangt man schon bald zu der malerischen Kapelle „Bruder Klaus", deren Form der Silhouette des im Hintergrund aufragenden Weisshorns nachempfunden ist. Ohne Steigung verläuft der Weg weiter bis Gagenhaupt. Ab dort beginnt der Anstieg in Richtung Rotenboden. Nach etwa 700 m erreicht man einen namenlosen kleinen See, in dem sich der Gipfel des Matterhorns widerspiegelt. Es lohnt sich, an diesem wenig bekannten, malerischen Ort zu verweilen und das Bergpanorama in Ruhe zu geniessen, bevor es zum berühmten und meist recht gut besuchten Riffelsee weitergeht, der nur ein paar hundert Meter entfernt liegt. Die beste Zeit, um diesen wunderschönen Bergsee zu besuchen, sind die frühen Morgen- oder Abendstunden – dann hat man diesen magischen Ort meist fast für sich alleine.

In Richtung Rotenboden wandert man weiter bergauf und biegt kurz vor der Bahn-

station rechts ab, um den rechterhand der Bahnlinie verlaufenden Weg einzuschlagen, der sich im Zickzack zum Gornergrat hinaufwindet. Auf dieser letzten steilen Etappe hat man einen spektakulären Rundumblick auf das Monte-Rosa-Massiv und den unterhalb liegenden, fast kreisrunden Gornergratsee. Am Ziel, am Kulmhotel Gornergrat (3100 m ü. M.), sollte man sich genügend Zeit nehmen, um das weltberühmte Panorama zu geniessen. Von der Aussichtsplattform blickt man auf das Monte-Rosa-Massiv, den Gornergletscher und insgesamt 29 Viertausender.

Mit der Gornergratbahn geht es anschliessend wieder hinunter nach Zermatt.

weitere Infos

Länge:	5.4 km
Aufstiege ǀ Abstiege:	590 m ǀ 90 m
Challenge:	niedrig
Dauer:	2 Std.
Adresse:	**Zermatt Tourismus** Bahnhofplatz 5 3920 Zermatt
Telefon:	027 966 81 00
Internet:	www.zermatt.ch

64

Wandern zu Berggewässern

Wallis

Rundwanderung im Binntal zum Mässersee und Geisspfadsee

▶ Das ursprüngliche Binntal erstreckt sich als ein vom Rhônetal abzweigendes Seitental im Oberwallis nicht weit von Brig und in unmittelbarer Nähe zur italienischen Grenze. Zahlreiche Wanderwege führen durch den schönen Naturpark. Eine anspruchsvolle, aussichtsreiche Rundtour, die Trittsicherheit und eine gute Grundkondition erfordert, verläuft von Fäld zum Mässersee und über den Geisspfadsee und den Kraftort Maniboden wieder zurück.

Den Ausgangspunkt Fäld am Ende der Strasse, die ins Tal hinaufführt, erreicht man mit dem Postauto ab Lax oder Ernen. Von der Haltestelle folgt man der Strasse und wandert über Warme Brunne stetig bergauf zur Mineraliengrube Lengenbach. Ab dort geht es auf einem unbefestigten, gut ausgeschilderten Weg abwechselnd durch Waldabschnitte und über Wiesen weiter steil nach oben zum Mässersee. Der kleine Bergsee (2119 m ü. M.) ruht wie eine glänzende Perle in der malerischen Alplandschaft. Picknickbänke und Feuerstellen laden zum Verweilen ein. Immer im Blick: das Stockhorn und das Schwarzhorn. Wer das frische Wasser nicht scheut, kann an den ausgewiesenen Stellen ein Bad nehmen, bevor es an den schwierigen Aufstieg über ein Geröllfeld zum Geisspfadsee geht. Hier ist Konzentration gefragt, denn die Steine sind nicht befestigt.

Nach ca. 5.5 km wird es – auf dem Hochplateau angekommen – etwas leichter, sich auf nun nahezu ebenem Weg über die Steine zu bewegen. Ist der Geisspfadsee erreicht, wandert man ein kurzes

Stück am Ufer entlang, geniesst die herrliche Aussicht über den See, bevor man sich auf den Rückweg über das Hochplateau und das steile Geröllfeld begibt. Den Abzweig zum Mässersee lässt man diesmal rechts liegen und biegt nach links ab in Richtung Maniboden. Die Landschaft ist hier geprägt von verzweigten Bergbächen, rötlichen Felsen und dichtem Bewuchs aus Alpenrosen. Das Panorama ist überwältigend. Auch in diesem Gebiet sollte man unbedingt eine Pause einlegen, bevor es über den Mässerchäller und einen Zickzackpfad durch den Wald wieder hinunter zum Ausgangspunkt geht.

weitere Infos

Länge:	13 km
Aufstiege ǀ Abstiege:	1100 m ǀ 1090 m
Challenge:	hoch
Dauer:	6 Std.
Adresse:	**Tourismusbüro Binn – Landschaftspark Binntal** ǀ Dorfstrasse 31 ǀ 3996 Binn
Telefon:	027 971 50 50
Internet:	www.landschaftspark-binntal.ch

65

Wandern zu Berggewässern

149

Wallis

Drei-Seen-Wanderung von der Bettmeralp zum Schönbiel

▶ Oben auf dem grossen Walliser Sonnenplateau im Naturparadies Aletsch Arena liegen zahlreiche Bergseen. Eine tolle Wanderung führt von der Bettmeralp über den Bettmersee, den Blausee und den Schönboden See zum Schönbiel.

Die Tour startet an der Station Bettmeralp (Bettmerhorn), wohin man etwa ab Betten per Luftseilbahnfahrt zur Bettmeralp und nach einem Bummel durch den Ort kommt. Man läuft zum Bettmersee, um den ein schöner Uferweg herumführt. Diesem Weg folgt man ein kurzes Stück an der Südspitze des Sees entlang und hält sich an der nächsten Gabelung links gen Blausee. Auf den letzten 500 m zu diesem Etappenziel windet sich der Weg steil im Zickzack nach oben. Am See gibt es eine Feuerstelle, Baden ist erlaubt.

Vom Nordufer des Sees geht die Wanderung weiter in westliche Richtung. Nach etwa 200 m folgt man dem abzweigenden Weg nach rechts und hält sich an der nächsten Weggabelung wieder rechts in Richtung Biel und Hohbalm. Stets das einzigartige Berg-

66

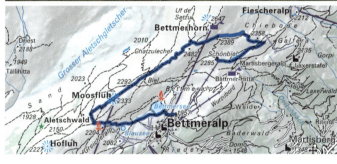

panorama im Blick, geht es an der Bergstation der Moosfluh-Bahn vorbei hinauf zur Hohbalm – mit atemberaubenden Ausblicken auf die Eisriesen, auf das Aletschhorn, Matterhorn, Weisshorn ...

Auf dem letzten Wegstück zum Schönboden See geht es nun bergab. In der felsigen Landschaft ist der schmale See ein Blickfang. Nun ist es nicht mehr weit zur Bergstation Schönbiel, von der man mit der Seilbahn hinunter ins Dorf gelangt.

weitere Infos

Länge:	9 km
Aufstiege | Abstiege:	670 m | 350 m
Challenge:	mittel
Dauer:	3 Std. 30 Min.
Adresse:	**Aletsch Arena AG – Infocenter Bettmeralp** | Hauptstrasse 87 | 3992 Bettmeralp
Telefon:	027 928 58 58
Internet:	www.aletscharena.ch

Wandern zu Berggewässern

Wallis

Auf dem Hopschilpfad durch das Turtmanntal

▶ Das idyllische Turtmanntal ist das westlichste deutschsprachige Südtal im Wallis und eine der ursprünglichsten Regionen der Schweiz. Gleich am Eingang des Tals liegt das kleine, kulturhistorisch interessante Dorf Turtmann. Hier startet der abwechslungsreiche Hopschilpfad, der auf einer erfrischenden Runde durch die wildromantische Landschaft des Turtmanntals an plätschernden Suonen und zwei sehenswerten Wasserfällen vorbeiführt.

Los geht es am Parkplatz der Luftseilbahn LTUO nahe der Alten Säge. Hier gibt es auch eine Haltestelle der Postauto-Linie. Bevor man der Beschilderung des Hopschilpfades ab dem Startpunkt an der Alten Säge folgt, führt die Rundwanderung zunächst ein kurzes Stück nach Süden zum Turtmann-Wasserfall, der 42 m tief über die Felsen hinabstürzt. Zum Ausgangspunkt zurück und dann der Beschilderung des Themenpfades folgend geht es mit Blick auf das Dorf steil hinauf zum Chrizhubel.

Anschliessend wandert man durch die Weinberge bis Bachtoli, überquert dort die Strasse und gelangt auf die Riederu. Hier

weitere Infos

Länge:	10.8 km
Aufstiege ǀ Abstiege:	670 m ǀ 670 m
Challenge:	mittel
Dauer:	4 Std.
Adresse:	**Turtmann-Unterems Tourismus** ǀ InfoCenter Turtmann ǀ Dorfstrasse 6 ǀ 3946 Turtmann
Telefon:	027 932 34 18
Internet:	www.turtmanntal.ch

geht es auf Wiesenpfaden direkt an der Suone entlang, bis man auf den Riedweg stösst, dem man bis Ried folgt. Auf Wald- und Wiesenpfaden führt der Hopschilpfad hinauf in das hübsche Walliserdorf Ergisch. Hier lohnt es, eine Pause einzulegen, bevor man den Weg fortsetzt.

Aussichtsreich mit traumhaften Fernblicken geht es nun an den Abstieg – zunächst über Wiesen, dann durch den Scheichelwald bis Obers Ried und via Brenner folgt man dem Themenpfad wieder hinunter ins Tal zum zweiten Wasserfall am Tännbach. Hier kann man sich erfrischen, bevor man die letzte Etappe in Angriff nimmt. Kurz vor dem Weiler Tennen biegt man links ab, um dem Lauf der Riedersuone zu folgen. Via Trogärä gelangt man wieder zum Riedweg und wandert dann auf dem alten Saumpfad talabwärts zurück ins Dorf zum Ausgangspunkt.

Wandern zu Berggewässern

tessin

72
73

tessin

Zwei-Seen-Wanderung: Lago Ritom und Lago di Cadagno

▶ Diese schöne Route umrundet die zwei grössten der mehr als 20 Seen bergenden Hochebene des Val Piora, einem aussichtsreichen und für seine aussergewöhnliche Artenvielfalt bekannten Seitental der Leventina.

Die Tour startet an der Bergstation Piora, die man mit der Ritom-Standseilbahn ab Piotta erreicht. Von dort geht es etwa 20 Minuten auf einer schmalen Strasse leicht bergauf bis zur Staumauer des Lago Ritom. Nun folgt man dem Naturlehrpfad, der entlang der südlichen, bewaldeten Seesei-

te in Richtung Cadagno führt und interessante Einblicke in die biologisch-kulturellen Besonderheiten und in die geschichtlichen Hintergründe dieser Region gibt. Am östlichen Ende des Stausees verläuft die Route noch ein Stück in nördliche Richtung weiter am Ufer entlang und zweigt kurz nach der Mündung des Bachs Murinascia Grande rechts ab. An Cadagno di Fuori vorbei geht es auf dem Alpenpässeweg bis zur Käserei der Alpe di Piora, wo man sich mit dem berühmten Piora-Alpkäse und anderen Tessiner Spezialitäten verpflegen kann.

Von dort folgt man dem Wanderpfad in nördliche Richtung, der den idyllisch gelegenen Lago di Cadagno umrundet. Über Cadagno di dentro gelangt man schliesslich wieder nach Cadagno di Fuori und wandert zurück in Richtung Stausee. An der Weggabelung hält man sich diesmal rechts, um auf die nördliche Seeseite zu gelangen. Über San Carlo geht es mit traumhaftem Blick auf das Wasser und die umliegenden Berge direkt am Ufer entlang bis zum Staudamm.

Hier kann man im Rifugio Lago Ritom noch eine Rast einlegen, bevor man zur Bergstation Piora wandert.

Wandern zu Berggewässern

weitere Infos

Länge:	13 km
Aufstiege | Abstiege:	380 m | 380 m
Challenge:	mittel
Dauer:	4 Std.
Adresse:	**Funicolare Ritom SA** Via Funicolare 3 6776 Piotta
Telefon:	Tel. 091 868 31 51
Internet:	www.ritom.ch

Unterwegs an den Seen des Narèt-Gebiets

▶ Unberührt und einsam liegt der Lago del Narèt umgeben von schroffen Bergen im äussersten Nordwesten des Tessins – so abgeschieden, dass er zu den eher unbekannten und wenig frequentierten Zielen des Kantons zählt. Dies macht sich schon bei der Anreise bemerkbar, denn zu erreichen ist diese seenreiche Gegend nur per Velo, Töff oder mit dem Auto auf einer 2.8 m breiten Fahrstrasse. Das Postauto verkehrt nur bis Fusio.

Eine schmale Bergstrasse führt von Fusio hinaus zu der beeindruckenden zweigeteilten Staumauer, an deren südlichem und nördlichem Ende es Parkmöglichkeiten gibt. Die Wanderung beginnt am Ende des südlichen Staudamms Narèt II.

Von dort folgt man dem Weg auf der Staumauer und umrundet die kleine blaue Perle, den Lago Scuro, im Uhrzeigersinn. Am Ausgangspunkt vorbei laufend hält man sich links Richtung Lago del Corbo und Cristallina. Entlang am grossen Stausee stösst man nach etwa einem Kilometer Fussmarsch auf einen vom Lago del Narèt abgetrennten kleinen See. Kurz dahinter teilt sich der Weg erneut und man nimmt die linke Abzweigung, um schliesslich im

Bogen über den Sasso del Corbo zum Lago del Corbo zu gelangen.

Von dort geht es zurück zum blau leuchtenden Stausee. Immer oberhalb des Wassers führt die Wanderung nun um das malerische Westufer herum und auf der nördlichen Seeseite entlang bis zum Abzweig zum Lago di Val Sabbia.

Leicht bergauf geht es in das stille Tal mit dem kleinen See, an dessen Ufer man eine Pause einlegen kann, bevor man ostwärts bergauf weiterwandert. Statt der Weggabelung zum Lago del Forna zu folgen, läuft man hinab zurück zum Seeufer des Lago del Narèt und geniesst dort eine tollen Aussicht ins Tal.

Das letzte Wegstück führt als krönender Abschluss mit weiteren atemberaubenden Blicken in die Ferne und die Tiefe über beide Staumauern wieder zum Parkplatz.

weitere Infos

Länge:	9.8 km
Aufstiege | Abstiege:	470 m | 470 m
Challenge:	mittel
Dauer:	3 Std. 30 Min.
Adresse:	**Centro Punto Valle** Via Cantonale 10 6670 Avegno
Telefon:	084 809 10 91
Internet:	www.ticino.ch www.ascona-locarno.com

Wandern zu Berggewässern

tessin

Flusswanderung im Val Calnègia

▶ Nur zu Fuss ist das wildromantische Val Calnègia zu erreichen, das oberhalb von Foroglio als Seitenarm des Bavonatals abzweigt und eine aussergewöhnliche Flora und Fauna beheimatet. Das bestimmende Element dieses abgelegenen Hochtals ist jedoch der kristallklare Bergbach Calnègia, der mit seinen vom Wasser rundgeschliffenen Felsblöcken ein spektakuläres Landschaftsbild zaubert. Eine eindrucksvolle Wanderung führt, dem Bachlauf folgend, durch das einsame Tal.

Gestartet wird in Foroglio, einem malerischen Tessiner Dorf, das bequem mit dem Postauto erreicht werden kann. Wer mit dem Pkw anreist, parkiert am besten bei der Brücke im Ort.

Gleich zu Beginn der Wanderung geht es oberhalb des Dorfs über Stufen und einen Waldpfad steil bergauf – von der Anstrengung abgelenkt wird man jedoch schon bald von den spektakulären Blicken auf den imposanten Wasserfall „Cascata di Foroglio", der über eine Felskante in die Tiefe stürzt. Abenteuerlich, aber gut gesichert ist die Passage, die an der senkrechten Felswand entlangführt.

Nach der letzten steilen Etappe hat man das bewaldete Hochtal erreicht und wandert dann auf einem zunächst leicht ansteigenden, später flacher werdenden

weitere Infos

Länge:	9.3 km
Aufstiege | Abstiege:	520 m | 520 m
Challenge:	mittel
Dauer:	3 Std. 30 Min.
Adresse:	**Centro Punto Valle** | Via Cantonale 10 | 6670 Avegno
Telefon:	084 809 10 91
Internet:	www.ticino.ch | www.ascona-locarno.com

160

70

Pfad weiter an der Calnègia entlang. Beim Wegabschnitt „Gerra" wird es plötzlich still im Tal, denn der Bach verläuft hier für einige hundert Meter unter einer dicken Kiesschicht unterirdisch weiter. Erst weiter hinten im Tal, wo das Gelände etwas steiler wird, tritt die Calnègia wieder ans Tageslicht.

Nun ist es nicht mehr weit bis zu dem idyllischen Weiler Calnègia, der sich für eine Rast anbietet. Wer noch ein kleines Abenteuer sucht, wandert 500 m weiter westwärts zu einem Bachlauf, oberhalb dessen ein kleiner Wasserfall herabstürzt. Anschliessend geht's auf derselben Strecke wieder zurück nach Foroglio.

Wandern zu Berggewässern

tessin

Al Laghétt di Salèi im Onsernonetal

▶ Im hinteren Onsernonetal, nahe der Grenze zu Italien, führt diese Wanderung von Comologno auf aussichtsreichen Pfaden hinauf zu dem malerischen Al Laghétt di Salèi. Die urwaldartige Natur, urige Tessiner Rustici und ein spektakuläres Panorama lassen so manche Anstrengung auf dieser Route schnell vergessen.

Die Tour beginnt in Comologno, einem bezaubernden kleinen Ort mit prächtigen Palazzi und bedeutenden Kulturschätzen, der in eine faszinierende Bergwelt eingebettet ist. Der etappenweise steile Aufstieg auf Wald- und Wiesenpfaden erfolgt über das Dorf Ligünc, das Val Lavadina und die Piani della Galera zur idyllisch gelegenen Capanna Salei. Das kleine, aus Naturstein erbaute Rustico – ehemals eine

Molkerei – ist von Mai bis Oktober bewirtet und bietet traditionelle Tessiner Gerichte, die in der gemütlichen Stube oder auf der sonnigen Aussichtsterrasse serviert werden.

Von hier ist es nicht mehr weit zu dem winzigen, von Wiesen und Felsen umgebenen Al Laghétt di Salèi. An heissen Tagen kann man sich hier ein erfrischendes Bad gönnen oder einfach nur das traumhafte Panorama geniessen, das sich an diesem malerischen Aussichtspunkt bietet.

Ein kurzes Stück weiter ist der höchste Punkt der Wanderung erreicht. Danach geht es entlang des aussichtsreichen Munzzelüm und an der Alpe Al Pescéd vorbei stetig bergab bis nach Spruga, dem Ziel der Tour. Von hier besteht eine Postauto-Verbindung zurück nach Comologno.

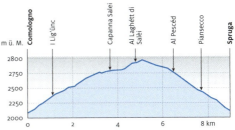

weitere Infos

Länge:	8.9 km
Aufstiege | Abstiege:	910 m | 880 m
Challenge:	mittel
Dauer:	4 Std. 30 Min.
Adresse:	**Tourist Office Ascona-Locarno** | SBB Bahnhof | 6600 Locarno
Telefon:	084 809 10 91
Internet:	www.onsernone.swiss | www.ascona-locarno.com | www.ticino.ch

Wandern zu Berggewässern

tessin

Die Bergseen oberhalb des Bavonatals

▶ Ganz am Ende des Bavonatals verbirgt sich oberhalb des Dorfs San Carlo eine imposante Bergwelt mit kristallklaren Seen, umgeben von mächtigen Granitmassiven und Gletschern. Von San Carlo führt eine unvergessliche Wanderung an den Seen Lago di Robièi, Lago Bianco und Lago Sfundau vorbei, hinauf zur Capanna Cristallina und über das Val Torta und die Alpe Cristallina hinunter nach Ossasco im Bedrettotal. An- und Abreise sollten Sie entsprechend planen!

Die anspruchsvolle Tour beginnt nach einer 15-minütigen Seilbahnfahrt auf 1940 m ü. M. an der Bergstation der Seilbahn San Carlo-Robiei. Von dort geht es an der Albergo Robiei vorbei über die Staumauer auf die Südseite des Sees und dann, nach rechts abzweigend, auf ansteigendem Weg in östliche Richtung. Durch die von Kristallen glitzernde Felslandschaft führt der Weg stetig bergauf zum Lago Bianco auf 2077 m ü. M. und zweigt dann nach rechts ab. Nun folgt

eine steile Passage; nach etwa 1 km ist der schwierige Teil geschafft. Bei grossartiger Aussicht geht es weiter – schon bald fällt der Blick hinunter auf den türkis leuchtenden Lago Sfundau. Nach einem kurzen Anstieg ist die Capanna Cristallina, der höchste Punkt der Wanderung, auf 2577 m ü. M. erreicht. Hier lohnt es, eine Rast einzulegen und die atemberaubende Aussicht auf den Basodino-Gletscher zu geniessen, bevor man den Abstieg in Angriff nimmt.

Durch das von unzähligen Bergbächen und winzigen Bergseen geprägte Val Torta geht es mit Blick auf den Pizzo Gararesc und den Pizzo Folca über die Alpe di Cristallina hinunter nach Ossasco, dem Ziel der Tour. Hier besteht Anschluss an öffentliche Verkehrsmittel.

Wandern zu Berggewässern

weitere Infos

Länge:	15 km
Aufstiege | Abstiege:	790 m | 1370 m
Challenge:	hoch
Dauer:	5 Std. 30 Min.
Adresse:	**Ticino Turismo** | Via C. Ghiringhelli 7 | 6501 Bellinzona
Telefon:	091 825 70 56
Internet:	www.ticino.ch

tessin

Naturerlebnisse bei Biasca

▶ Hoch über Biasca entspringt unterhalb des wenig begangenen wilden Gipfels Mottone auf der Alpe di Lago der „Ri della Froda". Unscheinbar fliesst dieses Bächlein durch die karge, steinige Landschaft – um sich nach wenigen Kilometern zur Cascata di Sta Petronilla zu mausern, dem mächtigsten Wasserfall des Tessins.

Den Wasserfall kann man von Biasca aus in einem dreissigminütigen Spaziergang erleben, der kaum über den Ortsrand hinausführt. Unsere Tour bietet zunächst ein echtes Wandererlebnis, bevor man den Wasserfall geniesst.

Vom Bahnhof aus verläuft die Wanderung nordwärts aus dem Ort hinaus. Kurz nachdem man das Zentrum verlässt, passiert die Route zwei Gotteshäuser, darunter die monumentale Chiesa di San Carlo Borromeo. Der Weg führt weiter nördlich in die typische Berg- und Waldlandschaft dieses Tals hinein. In einigen Serpentinen nach oben passiert man am höchsten Punkt der Tour das Wegkreuz bei Ol Fración. Nun wandert man – wieder meist durch schattigen Wald – talwärts. Nach etwa 5 Streckenkilometern hat man Biasca wieder erreicht und stösst hier auf eines

73

weitere Infos

Länge:	8.1 km
Aufstiege ǀ Abstiege:	440 m ǀ 440 m
Challenge:	niedrig
Dauer:	3 Std.
Adresse:	**Bellinzona e Valli Turismo** ǀ Via Bellinzona 5 ǀ 6710 Biasca
Telefon:	091 862 33 27
Internet:	www.ticino.ch

der schönsten romanischen Bauwerke der Schweiz, ein Kirchlein, das dem heiligen Petrus und Paulus gewidmet ist. Hier öffnet sich auch ein toller Blick auf die zuvor passierte Chiesa di San Carlo Borromeo. Die Route folgt nun einem Kreuzweg mit 14 von Schweizer Künstlern individuell gestalteten Kapellen bis zum beeindruckenden Wasserfall. Von einer Steinbrücke aus lässt sich die Cascata bequem bestaunen, wer näher heran möchte, kann auf der Südseite auf Pfaden zu den oberen Stufen wandern. Die letzte Etappe verläuft bergab zurück nach Biasca, vorbei an den Kirchen und zurück zum Ausgangspunkt.

Wandern zu Berggewässern

Impressum

1. Auflage 2024
ISBN 978-3-259-03792-8

Herausgeber: Hallwag Kümmerly+Frey AG, CH-3322 Schönbühl-Bern
Producing: red.sign GbR, Stuttgart

Printed in Poland

BILDNACHWEIS: Cover Graubünden Ferien/Ueli Käser, 2/3 Luftseilbahn Niederuren/Christian Perret, 8 Prättigau Marketing/PT, 8/9 Prättigau Marketing/Marco-Hartmann, 12/13 Pany-St. Antönien Tourismus, 10 Destination Davos Klosters/Christian Egelmair, 11 Destination Davos Klosters/Alba Stocker, 12–13 Arosa Tourismus, 14 Flims Laax Falera/Nicholas Iliano, 15–17 Flims Laax Falera/Philipp Ruggli, 18 Sedrun Disentis Tourismus/Matthias Nutt Photography, 19 Sedrun Disentis Tourismus, 20 o. Ente Turistico Regionale del Moesano/Thomas Vielgut, 20 u. und 21 Ente Turistico Regionale del Moesano/Fabian Künzel, 22 Valposchiavo Turismo/Adrian Greiter, 23 Valposchiavo Turismo, 24–25 Tourismus Engadin Scuol Samnaun Val Müstair/Andrea Badrutt, 26/27 Bregaglia Engadin Turismo/Christian Jaeggi, 27 Bregaglia Engadin Turismo, 28–29 Arosa Tourismus/Nina Mattli, 30 Engadin Tourismus/Filip Zuan, 31 Engadin Tourismus/Adam Brzoza, 34–35 Adobe Stock/Mario, 36 Schaffhauserland Tourismus/Seraina Keiser, 37 o. Schaffhauserland Tourismus/Ivo Scholz, 37 u. Adobe Stock/Dmitry, 38–39 Adobe Stock/SimonMichael, 40–41 appenzell.ch, 42–47 Toggenburg Tourismus, 48 und 49 Heidiland Tourismus, 50/51 VISIT Glarnerland/Maya Rhyner, 51 VISIT Glarnerland/Hannes Hochuli, 52 und 53 Heidiland Tourismus/Thomas Kessler, 54 und 55 o. Heidiland Tourismus/Dolores Rupa, 55 u. Heidiland Tourismus/Roland Gerth, 56–57 Heidiland Tourismus/Kevin Wildhaber, 58/59 Heidiland Tourismus/Sepp Lenherr, 59 Heidiland Tourismus/Sereina Jost, 60/61 VISIT Glarnerland/Maya Rhyner, 62/63 VISIT Glarnerland/Samuel Trümpy, 64–65 VISIT Glarnerland/Maya Rhyner, 68/69 Region Klewenalp-Vierwaldstättersee/Marc Risi, 69 Luftseilbahn Niederbauen/Christian Perret, 70 und 71 Ferienregion Andermatt/Elmar Bossard, 72 o. Uri Tourismus/Christian Perret, 72 u. und 73 Uri Tourismus/Angel Sanchez, 74/75 o. Engelberg-Titlis Tourismus/Oskar Enander, 74/75 u. Engelberg-Titlis Tourismus/Caroline Pirskanen, 76/77 Engelberg-Titlis Tourismus/Christof Sonderegger, 77 Engelberg-Titlis Tourismus, 78 Engelberg-Titlis Tourismus/Urs Stettler, 79 Engelberg-Titlis Tourismus/Roger Gruetter, 80/81 o. Adobe Stock/Somatuscani, 80/81 u. Adobe Stock/Peter Hofstetter, 84 Baselland Tourismus/Jan Geerk, 85 mauritius images/imagebroker/Michael Szönyi, 86 und 87 o. Baselland Tourismus/Jan Geerk, 87 u. Baselland Tourismus, 88 Jurapark Aargau/Michel Jaussi, 89 Jurapark Aargau/Yves Latscha, 90/91 Shutterstock/streetflash, 94 und 95 o. Lenk-Simmental Tourismus/Livia Bühler, 95 u. Lenk-Simmental Tourismus/Sarah Mosimann, 96–97 Naturpark Gantrisch/René Michel, 98 Aareschlucht/David Birri, 99 Grimselwelt/David Birri, 100 und 101 Jungfrau Region Tourismus/David Birri, 102 Tourismus Adelboden-Lenk-Kandersteg/Jan Vils, 102/103 Tourismus Adelboden-Lenk-Kandersteg/Raffael Waldner, 103 Tourismus Adelboden-Lenk-Kandersteg/Sven Allenbach, 104 Tourismus Adelboden-Lenk-Kandersteg/David Birri, 105 Tourismus Adelboden-Lenk-Kandersteg/Jan Vils, 106/107 Schweiz Tourismus/Jan Geerk, 107 Tourismus Adelboden-Lenk-Kandersteg/Bögli, 108 und 108/109 Lenk-Simmental Tourismus/Marianne Tschanz-Rieder, 109 Berghaus Iffigenalp/Willy Brunner, 110 Destination Gstaad/Melanie Uhkoetter, 110/111 Gstaad Saanenland Tourismus/Mattias Nutt, 111 Destination Gstaad/Melanie Uhkoetter, 112 Adobe Stock/Michael Zech, 113 o. Adobe Stock/Susa-Zoom, 113 u. Adobe Stock/daliu, 114/115 Destination Gstaad/Yannick Romagnoli, 116 Jungfrau Region Tourismus, 116/117 und 117 Jungfrau Region Tourismus/David Birri, 120 Tourisme neuchâtelois, 121 Schweiz Tourismus/KEYSTONE Valentin Farlaud, 122 und 123 o. La Gruyère Tourisme/Pascal Gertschen, 123 u. La Gruyère Tourisme/Lucie Berset, 124/125 Association Touristique Porte des Alpes/Olivier Fatzer, 125 Association Touristique Porte des Alpes/Sebastian Trevissick, 126–127 Schwarzsee Tourismus/Pascal Gertschen, 128 Morges Région Tourisme/Raphaël Dupertuis, 128/129 Morges Région Tourisme/Simon Contreras, 129 Morges Région Tourisme/Raphaël Dupertuis, 130–131 Association Touristique Porte des Alpes/Visualps.ch, 134 Vouvry Commune, 134/135 Adobe Stock/Avramovic, 136 laif/Jörg Modrow, 136/137 Sierre-Anniviers Marketing, 138 und 139 Zermatt Tourismus/Michael Portmann, 140–141 Les Coteaux du Soleil, 142 Crans-Montana Tourisme & Congrès/Delphine Monnet, 143 o. Crans-Montana Tourisme & Congrès/Patrick Guller, 143 u. Crans-Montana Tourisme & Congrès/Photosolutions, 144 My Leukerbad, 145 My Leukerbad/chrissie.st, 146 Gornergratbahn/Gaudenz Danuser, 146/147 Adobe Stock/sanderstock, 148 und 149 Landschaftspark Binntal/Andreas Weissen, 150 und 151 A. Aletsch Arena/Christian Perret, 151 o. Aletsch Arena/Winfried Stinn, 152 und 153 Turtmanntal Tourismus, 156/157 Bellinzonese e Alto Ticino Turismo, 157 Ticino Turismo/Andrea Padlina, 158/159 o. Ticino Turismo, 158/159 u. Ticino Turismo/Nicola Demaldi, 160 Ticino Turismo, 160/161 Ticino Turismo/Alessio Pizzicannella, 161 Ticino Turismo/Alexandre Zveiger, 162 Ticino Turismo/Milo Zanecchi, 162/163 Ticino Turismo/Daniela Vallejo, 164 und 164/165 Ticino Turismo/Remy Steinegger, 165 Ticino Turismo, 166/167 und Rückcover (innen) Ticino Turismo/Remy Steinegger

Alle Angaben und Tourenbeschreibungen wurden nach bestem Wissen zusammengestellt, eine Gewähr für die Richtigkeit kann jedoch nicht gegeben werden. Die Touren wurden sehr sorgfältig ausgewählt und beschrieben, Schwierigkeiten werden im Text kurz angegeben. Es können jedoch Änderungen an Wegverlauf, Zugänglichkeit und Naturzustand auftreten. Die Benutzung der Touren erfolgt eigenverantwortlich und ausschliesslich auf eigene Gefahr. Eine Haftung für etwaige Unfälle oder Schäden jeder Art wird nicht übernommen.
Für Verbesserungsvorschläge unter info@swisstravelcenter.ch sind wir dankbar.

Dieses Werk ist urheberrechtlich geschützt. Alle Rechte vorbehalten. Vollständiger oder auszugsweiser Nachdruck nur mit schriftlicher Bewilligung des Herausgebers.

www.swisstravelcenter.ch

© Hallwag Kümmerly+Frey AG, Grubenstrasse 109, CH-3322 Schönbühl-Bern